Qui est Dieu pour toi?

Mgr J.-A. Plourde

Archevêque émérite d'Ottawa

Qui est Dieu pour toi?

L'essentiel de la foi

NOVALIS

Qui est Dieu pour toi? est publié par Novalis.

Couverture: Robert Vienneau
Éditique: Les éditions Multi

Copyright 1996: Novalis, Université Saint-Paul, Ottawa.

Dépôts légaux:
Bibliothèque nationale du Canada
Bibliothèque nationale du Québec

Novalis, C.P. 990, Outremont (Québec) H2V 4S7

ISBN: 2 89088 832 0

NOVALIS

Présentation

De 1990 à 1995, j'ai prêché des retraites paroissiales dans trois provinces canadiennes: l'Ontario, le Québec et le Nouveau-Brunswick. On me demandait souvent pourquoi je n'écrivais pas mes instructions. Je répondais qu'il y avait de nombreux livres sur les mêmes sujets, écrits par des spécialistes. On me rétorquait que la plupart de ces ouvrages étaient trop savants et trop volumineux.

J'ai longtemps hésité avant de me mettre finalement à l'œuvre. Mon ambition est modeste: je propose, en termes simples, une réflexion un peu structurée sur les données essentielles de la foi. Je voudrais ainsi mettre entre les mains de ceux et celles que le sujet intéresse un instrument de travail susceptible de provoquer une recherche personnelle ou en groupe et de favoriser une relation signifiante avec Dieu.

Lorsque j'exerçais mes fonctions pastorales, j'avais suggéré aux curés de former dans leur paroisse des groupes d'étude pour un partage de foi. Le succès fut médiocre, sans doute parce que l'on manquait d'instruments de travail. Si cette publication pouvait servir à un projet comme celui-là, j'en serais fort heureux.

Introduction

Il y a quelques années, une pièce de théâtre, *Le procès de Jésus*, a connu un grand succès en France. Au cours du procès, le juge demande aux chrétiens: «Si vous croyez vraiment que Jésus est ressuscité, pourquoi ne changez-vous pas le monde?» Et quelqu'un de répondre: «Parce qu'on a oublié l'essentiel.» C'est ce que je répondrais aussi si l'on me demandait la raison de la baisse si soudaine de la pratique religieuse dans notre pays.

Je sais que la déchristianisation d'un peuple a de multiple causes, mais j'estime que si la foi des chrétiens et des chrétiennes avait été fondée sur l'essentiel, c'est-à-dire sur une conception exacte de Dieu, de sa Parole et de ses œuvres, un plus grand nombre d'entre eux seraient demeurés fidèles à la pratique religieuse. Cela me paraît d'autant plus important de le souligner que l'on a tendance, en certains milieux, à minimiser les conséquences graves de l'absence de pratique religieuse. Je sais qu'une vie de foi ne se limite pas à cela, mais être croyant et non pratiquant est presque une contradiction dans les termes. La chrétienne, le chrétien est appelé à se rassembler avec ses frères et sœurs. Il n'y a pas d'Église sans assemblée chrétienne.

Le père Stéphane Valiquette, s.j., écrit:

> Il appert que, dans le passé, l'ensemble de la population catholique a vécu de bonne foi un christianisme sociologique. Certaines traditions et coutumes faisaient partie de la culture. Peut-être avons-nous été plus catéchisés qu'évangélisés? Une pastorale de la peur prenait peut-être trop de place. Une relation fraternelle d'amitié et de dialogue avec le Christ ressuscité n'était pas le fait du grand nombre. Nous avions de nombreuses pratiques religieuses, mais peu de spiritualité en profondeur. En général, les membres du clergé, tout dévoués furent-ils, n'avaient pas la préparation pour évangéliser une modernité devenue envahissante. L'ensemble des chrétiens n'étaient pas prêts à s'ajuster adéquatement à un nouveau climat de sécularisation, à une société de permissivité, à de nombreux courants d'idées nouvelles surgissant de toutes parts. Il convient de reconnaître l'interaction entre la mutation socioculturelle et la présente crise religieuse[1].

Je suis d'accord avec lui.

Il n'est pas question de juger le passé. Personne n'est au-dessus de la sagesse de son temps. Or, il n'était pas facile, il y a cinquante ou soixante ans, de prévoir ce qui arriverait plus tard dans le monde et dans l'Église. Il n'en demeure pas moins que ni le clergé ni les laïcs n'étaient prêts à passer si rapidement d'un monde rempli de Dieu à un monde vide de Dieu. Voilà pourquoi nous devons procéder à une nouvelle évangélisation. Et cela ne peut se faire sans revenir à l'essentiel de la foi. Dans un de ses livres, Jean Guitton déplore le fait que dans la

---

1. *Revue Ste-Anne*, octobre 1994, p. 26.

prédication actuelle, on ne parle plus ou rarement de l'essentiel de la foi. Le pape Jean-Paul II ne cesse d'ailleurs de nous rappeler que l'Église doit entreprendre, surtout dans les anciennes chrétientés, une «nouvelle évangélisation». Comment le faire sans revenir aux bases de la foi? C'est là mon propos.

Il ne s'agit pas d'un traité exhaustif sur les points essentiels de la foi chrétienne. Je reprends simplement les thèmes de mes retraites paroissiales et je les développe un peu plus. J'ai ajouté quelques autres sujets, afin de faire un exposé plus large sur la vie de foi. Puissent ces simples réflexions aider ceux et celles qui les liront et les méditeront à mieux comprendre le grand amour de Dieu pour nous.

Je remercie les pères Jacques Gervais, o.m.i. et Michel Gourgues, o.p. ainsi que Monsieur J.-N. Tremblay d'avoir accepté de lire ce livre et de m'avoir fait des suggestions très utiles.

Première partie

Chapitre 1

Doit-on encore parler de Dieu?

«Ainsi parle Yahvé...
Je suis le premier et le dernier.
À part moi, il n'y a pas de Dieu.»
Isaïe 44, 6

Oui, nous devons encore parler de Dieu et j'ajoute:
plus que jamais. Pour deux raisons: parce qu'il est
le premier et qu'en tant que premier, il est le seul à
pouvoir répondre à nos questions sur le sens de la
vie et la raison d'être du monde qu'il a créé. Mais
aussi parce qu'il est **le dernier** et que nous le ren-
contrerons tous un jour face à face (1Co 12, 14),
que nous le voulions ou non, que cela nous plaise
ou non. Il est donc bon de savoir qui est Dieu.

Dieu est premier

C'est chose étrange que de vivre. Si je me réveillais
dans un train où on m'aurait déposé sans que j'en

aie connaissance, qu'est-ce que je dirais en m'éveillant: Où suis-je? Qui m'a mis ici? Où vais-je? On ne peut vivre d'une manière consciente et réfléchie sans s'interroger sur le pourquoi de la vie.

N'est-ce pas notre cas à tous? Nous sommes dans un train appelé «Terre». La Terre aussi est en mouvement puisqu'elle fait un tour sur elle-même, en un jour, et tourne en même temps autour du Soleil à 108 000 kilomètres à l'heure, dit-on. Un jour, après avoir pris conscience que j'étais sur cette Terre, ne serait-il pas normal que je me demande qui m'a mis ici, pourquoi, et où je vais?

Qui peut répondre à mes questions? Ceux et celles qui ont la foi affirment: «Dieu et Dieu seul!» En effet, la Bible commence par l'affirmation qu'au commencement, Dieu créa le ciel et la Terre et ensuite l'homme et la femme (Gn 1, 1-31). Comme Dieu est nécessairement un être intelligent, il avait un but, un dessein en créant. Il est donc le seul à pouvoir nous dire pourquoi la Terre a été créée, pourquoi des êtres humains ont été créés, quel est le sens de la vie.

Mais il ne faudrait pas croire que Dieu a tout dit et que nous connaissons tout de l'existence humaine et de la création. Les humains n'auront jamais fini de scruter l'œuvre de Dieu. Voilà pourquoi la recherche dans tous les domaines, aussi bien religieux que profanes, est une loi de la vie. Mais Dieu en a dit assez pour que nous sachions d'où nous venons, pourquoi nous sommes ici, où nous allons et quels sont les grands moyens que nous devons prendre pour atteindre notre but. Ce sont ces révélations que nous allons méditer.

Je tiens à dire que le Dieu dont je parle est le Dieu de Jésus Christ et non pas le Dieu de certaines sectes religieuses qui donnent ce nom à toutes sortes de choses qui n'ont rien à voir avec le Dieu des chrétiens et des chrétiennes.

Ceux et celles qui ne croient pas en Dieu n'ont qu'un choix: demander aux savants, aux scientifiques de répondre à leurs interrogations. Que disent-ils de l'origine de la Terre, des humains et de leur destinée? Aucun n'a encore répondu d'une façon certaine aux questions posées. Hans Küng, dans son livre *Dieu existe-t-il?*, cite la réponse d'un astrophysicien contemporain qui résume bien, je pense, l'attitude des savants face à cette question:

> Si du fait indubitable que le monde existe, quelqu'un veut conclure à une cause de cette existence [Dieu], cette hypothèse ne contredit d'aucune manière notre connaissance scientifique. Aucun scientifique ne dispose, fût-ce de l'ombre d'un argument ou d'un fait, qui lui permettrait de contredire cette hypothèse[2].

Un autre savant, biologiste celui-là, Pierre-Paul Grasset, écrit:

> D'un simple point de vue scientifique, l'essentiel est de croire à un ordonnateur de l'univers. Je suis convaincu que les progrès de la science nous imposeront de croire en lui[3].

La question de Dieu peut être posée aussi d'une autre façon. Nous trouvons en nous des désirs, des aspirations, des besoins que les biens matériels ne peuvent satisfaire. Et là encore plusieurs, parmi

2. Hans Küng, *Dieu existe-t-il?*, Paris, Seuil, 1981, p. 740.
3. R. P. Bruckberger, *Ce que je crois*, Paris, Grasset, 1981, p. 137.

ceux et celles qui n'ont pas la foi, trouvent la vie absurde et le disent: Albert Camus, Jean-Paul Sartre... Je donne un exemple. Dans mes prédications, j'ai souvent parlé de ce jeune homme qui m'avouait être tenté par la pensée du suicide parce qu'il trouvait la vie absurde. «N'est-il pas absurde, en effet, disait-il, de voir des millions d'êtres intelligents désirer, chercher, toute une vie durant, des choses qui n'existent pas? Tous les hommes recherchent et désirent un bonheur stable et parfait et un tel bonheur n'existe pas. Tous les hommes voudraient vivre toujours et la mort les attend tous. Tous les hommes voudraient vivre en paix, aimer et être aimés, d'une façon durable, alors que les guerres, les haines, les rancunes sont autant de stigmates qui marquent tous les siècles de l'histoire. Quel sens a donc la vie? La nature humaine est-elle si mal faite qu'elle accule nécessairement l'homme à la frustration, à la déception, voire au désespoir? Vous êtes prêtre, vous, pouvez-vous me dire quel est le sens de la vie?»

Je lui ai demandé s'il avait la foi. Il m'a répondu: «Non, je n'ai pas la foi. Je n'ai été baptisé dans aucune religion, mais je voudrais quand même entendre votre réponse.» Je lui ai dit: «Tu as raison. Nous cherchons tous des choses qui n'existent pas en plénitude sur Terre. Parce que tu n'as pas la foi, tu penses qu'elles n'existent nulle part. Parce que j'ai la foi, je pense que la mort n'est pas la fin de tout, que nous avons une autre vie en nous, la vie de Dieu reçue au baptême. Lorsque la vie humaine finira, nous continuerons à vivre de cette vie, qui est éternelle comme Dieu lui-même. C'est dans cette autre vie que nous trouverons le bonheur parfait, la vie sans fin, la paix et l'amour. Voilà ma réponse.» «Comment savez-vous cela?» «Jésus Christ est venu

14

sur la Terre, il y a deux mille ans. C'est lui qui nous révèle le plan de Dieu sur le monde. Nous trouvons tout cela dans la Bible qui est Parole de Dieu.»

La foi chrétienne ne garde pas le silence sur les grandes questions de l'existence humaine. Elle les pose dans le cadre de la connaissance de Dieu. Le chrétien, la chrétienne oriente sa vie en fonction de Dieu, révélé par le Christ. Cela me semble d'autant plus important que nous vivons dans une société livrée aux mythes de l'argent et de la réussite. Le docteur Olievenstein déclare: «Une société qui permet, à coup de publicité et d'argent, de tout avoir sombre dans l'usage de la drogue, comme aux Amériques, ou se réfugie dans les religions marginales... Les moyens de vivre ne remplace pas les raisons de vivre[4]...»

Dieu est dernier

J'en viens naturellement au complément de ma première affirmation. Si Dieu est premier, il est aussi dernier.

Qu'arrive-t-il à la mort? Est-ce la fin de tout, comme certains l'affirment? Cette théorie est désolante. Ceux et celles qui, toute leur vie, ont essayé de faire le bien, qui ont même donné leur vie pour les autres, comme le père Maximilien Kolbe, par exemple, mort à la place d'un compagnon, père de famille, finiraient comme ceux et celles qui n'ont vécu que pour eux-mêmes? Sans vouloir juger les autres et sans oublier que c'est la grâce du Seigneur Jésus qui sauve (Ac 15, 11), il n'en reste pas moins

---

4. Jean Vernette, *Des chercheurs de Dieu «hors frontières»*, Paris, Desclée, 1979, p. 80.

que cette théorie choque notre sens inné de la justice. Si elle se répandait, elle risquerait de priver le monde de la chaleur de la charité et de favoriser l'égoïsme.

Voilà pourquoi le monde devrait être éternellement reconnaissant au Christ de nous avoir dit: «Je suis la résurrection. Qui croit en moi, même s'il meurt, vivra; et quiconque vit et croit en moi ne mourra jamais.» (Jn 11, 25-26) Cette parole donne son sens à la vie et à tous ces petits actes d'amour, vécus au quotidien, qui acquièrent ainsi une valeur éternelle.

Dieu est au commencement de toute vie et c'est lui qu'on rencontrera à la fin de la vie. Voilà pourquoi il faut encore en parler, surtout à une époque où tant de gens vivent comme si Dieu n'existait pas. C'est dans la volonté de Dieu que la vie prend toute sa valeur, tout son sens. Avec lui, nous savons d'où nous venons et où nous allons. Avec lui, rien de perdu, rien d'inutile, tout a un sens. L'auteur français Louis Evely dit, dans un petit livre intitulé *Éterniser sa vie*: «L'homme n'a jamais vaincu le désespoir que par une vie de foi. La vie humaine est injustifiable si on l'enferme en elle-même[5].» Et le pape Jean-Paul II affirme, dans son *Exhortation Apostolique sur la Réconciliation et la Pénitence*: «L'homme peut construire un monde sans Dieu, mais ce monde finira par se retourner contre les hommes[6].»

Comprenons-nous bien. Je ne dis pas que la foi va régler à elle seule tous les problèmes de l'univers.

---

5. Louis Évely, *Éterniser sa vie*, Paris, Centurion, 1991, p. 97.
6. Jean-Paul II, *Exhortation apostolique sur la Réconciliation et la Pénitence*, Presse du Vatican, 1984, p. 67.

Je ne veux pas récupérer toutes les misères du monde pour amener mes frères et sœurs à la foi en leur faisant peur. Comme nous le verrons plus loin, nos raisons de croire ne viennent pas des misères humaines. Tout ce que j'affirme, c'est que sans la foi en Dieu, on ne peut trouver le vrai sens de la vie ni sa pleine valeur. Et le manque de foi a des conséquences graves pour un monde créé par Dieu et pour la gloire de Dieu. Nous ne pouvons pas demeurer indifférents face aux souffrances de ceux et celles qui ne trouvent pas de réponses aux questions qu'ils se posent sur le sens de la vie ou sur leur besoin de transcendance. Nous avons le devoir de leur faire connaître les réponses de la foi.

Comment parler de Dieu?

Un journaliste demanda un jour à Einstein s'il croyait en Dieu. Einstein lui répondit: «Précisez-moi d'abord ce que vous entendez par le mot "Dieu" et je vous dirai ensuite si j'y crois.»

Et si l'on vous demandait, lecteur, lectrice: «Qui est Dieu pour vous?», quelle serait votre réponse? Ce nom vous le prononcez chaque jour comme l'ont fait des millions de personnes depuis des siècles, mais a-t-il la même signification pour chacun? C'est pourtant par ce nom qu'il faut commencer si nous voulons découvrir ce qui est essentiel à une vie de foi. «Je suis le premier et je suis le dernier», dit Yahvé.

Reconnaissons, au départ, qu'il n'est pas facile de parler de Dieu. Une première difficulté vient de ce que «Personne n'a jamais vu Dieu» (Jn 1, 18). Ensuite, notre esprit n'est pas en mesure, à cause de ses limites et de sa constitution, de comprendre

Dieu. Et je serais tenté de dire: «Heureusement!» Car si nous pouvions tout comprendre de Dieu, il serait à notre mesure, limité comme nous. Il ne serait pas le Créateur et la Source de toutes choses. Il ne serait pas non plus le Tout-Puissant dans son Amour pour nous. Il ne serait pas le Sauveur des humains. Il ne serait pas un Dieu de relation qui a comme projet de partager avec nous cet amour. Le Dieu en qui nous croyons ne peut être qu'un Dieu-mystère, c'est-à-dire un Dieu qui est plus grand que notre cœur. Il dépasse tout ce que les humains peuvent comprendre et nous ne croyons en lui que grâce à la foi. Voilà pourquoi saint Augustin disait: «Si tu comprends, ce n'est pas Dieu.» Et saint Paul écrivait dans son *Épître aux Romains*: «Ô profondeurs de la richesse, de la sagesse et de la science de Dieu! Que ses jugements sont insondables et ses voies impénétrables!» (11, 33)

Mais nous avons besoin de connaître Dieu. Créés à son image et à sa ressemblance, nous avons soif de lui. Il y a en nous un goût d'infini. Le *Catéchisme de l'Église catholique* affirme que «Le désir de Dieu est inscrit dans le cœur de l'homme, car l'homme est créé par Dieu pour Dieu; Dieu ne cesse d'attirer l'homme vers lui, et ce n'est qu'en Dieu qu'il trouvera la vérité et le bonheur qu'il ne cesse de chercher[7].» Dans son encyclique *Splendeur de la vérité*, le pape Jean-Paul II ajoute que «les ténèbres de l'erreur et du péché ne peuvent supprimer totalement en l'homme la lumière du Dieu créateur[8]».

---

7. *Catéchisme de l'Église catholique*, Paris, Mame/Plon, 1992, n° 27, p. 21.

8. Jean-Paul II, *Lettre encyclique Splendeur de la vérité*, 1993, p. 4.

Parler de Dieu est donc aussi difficile que nécessaire. Dans un monde comme le nôtre, marqué par l'incroyance ou, à tout le moins, par une sérieuse érosion des valeurs chrétiennes, il me semble urgent de réintroduire la question de Dieu comme une question vitale. Que l'on en parle à partir de ses œuvres ou à partir de lui-même, peu importe. L'important est que nous prenions ensemble conscience de l'existence de Dieu, de ses œuvres, et que nous cherchions dans quelle mesure et de quelle manière cela se traduit dans la vie des femmes et des hommes, aujourd'hui.

Pleins de reconnaissance pour tes dons,
Seigneur, éclaire nos intelligences.
Apprends-nous le vrai sens
des choses de ce monde
et l'amour des biens éternels.
Amen.

Chapitre 2

Les images de Dieu

«Il est l'image du Dieu invisible...»
Épître aux Colossiens, 1, 15

Lorsque l'on entend parler d'une personne pendant des années, sans jamais la voir, on s'en fait nécessairement une idée. Et si un jour on la rencontre, on peut mesurer si l'image que l'on en avait était conforme à la réalité. Quelle image avons-nous de Dieu? C'est là-dessus que nous allons maintenant réfléchir.

Les fausses images de Dieu

Quand je retourne au temps de mon enfance, je constate qu'il y avait alors, dans les mentalités, de fausses images de Dieu, des images qui inspiraient la peur. J'en rappelle ici quelques-unes.

On avait une fausse idée de la **toute-puissance de Dieu**. «Je crois en Dieu, le Père tout-puissant...», disons-nous dans notre profession de foi. C'est vrai, mais quel sens donnons-nous au mot «puissance»? Car il y a des puissances qui effraient, qui dominent, qui écrasent, qui détruisent, qui punissent, qui se vengent. Il suffit de penser à Hitler, aux dictatures, à certains régimes militaires. On s'imagine les amadouer par des courbettes, des compliments, des présents. Voilà donc une première fausse image de Dieu, celle du potentat.

Liée à cette première image, on trouve celle d'un **Dieu surveillant**. Dieu, du haut du ciel, nous surveillerait et inscrirait dans son grand livre toutes nos actions. Celles-ci devraient être révélées, devant la cour céleste, au jugement dernier. C'est une autre image de Dieu qui inspire la peur et qui est néfaste. Jean-Paul Sartre raconte dans *Les mots*, un récit autobiographique, comment il a tenté de se suicider parce que, dans son enfance très puritaine, il voyait Dieu comme un surveillant. Il sentait sa conscience violée par ce regard de Dieu qui le suivait partout pour le punir de ses fautes. C'est à ce moment-là, dit-il, qu'il a commencé à perdre la foi. Encore là, nous sommes en pleine mythologie. Comme si les humains étaient un spectacle pour Dieu. Dieu n'est pas un espion, il ne comptabilise pas nos péchés. La Bible ne dit-elle pas, au contraire, que Jésus, le Fils de Dieu, est venu pour «enlever les péchés de la multitude» (He 9, 28)? «Convertissez-vous donc et revenez à Dieu afin que vos péchés soient effacés.» (Ac 3, 19) Et à la messe, on salue Jésus comme «l'agneau qui enlève les péchés du monde». Il est vrai que Dieu nous regarde, mais son regard est un regard d'amour. Nous en parlerons plus loin.

Ces images qui font peur existent-elles encore? Un chant très populaire, un negro spiritual, proclame: «*God is watching us from a distance*» («Dieu nous surveille de loin»). Je ne sais si l'on peut repérer dans ces paroles une image de Dieu-surveillant, mais ce que je sais, c'est que toute image qui inspire la peur est une fausse image de Dieu. Elle n'a rien à voir avec la foi chrétienne. Il est bon d'avoir peur d'offenser Dieu. Cette crainte est don de l'Esprit Saint. Mais avoir peur de Dieu parce que l'on craint la punition, la vengeance ou l'enfer est contraire à la révélation que Dieu a faite de lui-même en Jésus Christ. Saint Paul ne dit-il pas: «Vous n'avez pas reçu un esprit qui vous rende esclave et vous ramène à la peur, mais un esprit qui fait de vous des fils adoptifs et par lequel nous crions Abba, Père.» (Rm 8, 14-15) Débarrassons-nous donc de ces fausses images d'un Dieu qui domine, qui opprime, qui surveille pour punir.

Autre fausse image de Dieu, celle d'un **juge qui envoie en enfer**. J'ai vu, dans l'entrée d'une église d'Allemagne, l'inscription suivante:

Vous m'appelez maître et vous ne m'interrogez pas;
Vous m'appelez lumière et vous ne me voyez pas;
Vous m'appelez chemin et vous ne me suivez pas;
Vous m'appelez vie et vous ne me désirez pas;
Vous m'appelez sage et vous ne m'imitez pas;
Vous m'appelez beau et vous ne m'aimez pas;
Vous m'appelez éternel et vous ne me cherchez pas;
Si je vous condamne, ne me blâmez pas!

Combien de curés accepteraient, aujourd'hui, d'afficher une telle inscription dans le portique de leur église?

Dieu ne condamne pas, il n'envoie personne en enfer. Mais pour expliquer l'enfer, voici ce que dit un théologien:

> Si un homme, jusqu'au bout, est capable de dire non à Dieu, de refuser son amour, Dieu devra, quoi qu'il en coûte, respecter ce choix et le laisser s'en aller loin de lui. L'enfer ne saurait être une punition, c'est la conséquence d'un choix libre de l'homme[9].

Le *Catéchisme de l'Église catholique* reprend la même perspective:

> Mourir en péché mortel sans s'en être repenti et sans accueillir l'amour de Dieu signifie demeurer séparé de Lui pour toujours par notre propre choix libre. Et c'est cet état d'auto-exclusion définitive de la communion avec Dieu et avec les bienheureux qu'on désigne par le mot «enfer[10]».

L'image d'un Dieu qui envoie en enfer est donc une fausse image. En son Fils, il est venu vers nous pour nous sauver et nous dire son amour, non pour nous envoyer en enfer. Débarrassons-nous au plus vite de cette fausse image!

Une autre fausse image de Dieu est celle du **Dieu-dépanneur**. Ne nous arrive-t-il pas de vouloir mettre Dieu à notre service en lui demandant de résoudre nos problèmes, de guérir nos maladies, de nous trouver du travail, de nous préserver des accidents, de faire pleuvoir, etc.? Dieu écrirait notre histoire, dirigerait nos vies. Et pourtant, nous tenons mordicus à notre liberté. N'y a-t-il pas là contradiction?

---

9. Philippe Ferlay, *Abrégé de la foi catholique*, Paris, Desclée, 1986, p. 54.
10. *Op. cit.*, n° 1033, p. 221.

D'une part, Dieu n'aime pas l'exceptionnel, le spectaculaire. D'autre part, le don le plus extraordinaire qu'il ait fait aux humains est la liberté, fruit de son amour et condition indispensable pour que nous puissions aimer à notre tour. Voilà pourquoi Dieu respecte notre liberté au plus haut point; sans elle son plan sur le monde ne pourrait se réaliser: faire de nous ses collaborateurs. Dieu veut des femmes et des hommes responsables, construisant eux-mêmes leur liberté, écrivant eux-mêmes leur histoire. Mais il veut être avec nous, par son Esprit, il veut nous aider à réaliser le sens de notre vie. Est-ce à dire qu'il est mal de demander l'aide et la protection de Dieu? Non, l'Église elle-même a ses prières officielles de demandes. N'est-il pas normal de parler avec confiance à son Père de ses besoins, de ses craintes et de ses misères? Mais si notre prière se résume à demander des biens matériels, nous tentons de mettre Dieu à notre service, nous en faisons un dépanneur, nous avons une fausse image de Lui. *L'Évangile selon saint Marc* offre un bel exemple de ce que j'essaie de démontrer. Jacques et Jean, les fils de Zébédée, s'approchent de Jésus et lui disent: «Accorde-nous de siéger, l'un à ta droite, l'autre à ta gauche dans ta gloire.» Jésus leur dit: «Vous ne savez pas ce que vous demandez...» (10, 35-45)

Je me reconnais dans ces deux hommes. Comme eux, je pense d'abord à moi, alors que je devrais d'abord accueillir Dieu et son Royaume dans l'amour. C'est là sa gloire, son règne, sa louange, comme il nous l'enseigne dans le «Notre Père». Nous sommes ainsi, avec l'Esprit, au service du Dieu d'amour. C'est là d'abord sa volonté et cette demande nous autorise à demander ensuite «notre pain de chaque jour».

Voici enfin une dernière fausse image de Dieu, celle d'un **Dieu «bonasse»**.

J'entendais une mère de famille se plaindre, un jour, du fait que dans les églises et dans les écoles catholiques, on parlait trop du Dieu-Amour. Les jeunes n'ont plus peur d'offenser Dieu. Un auteur partage le même avis:

> Pire encore, on mutile l'image de Dieu. Il devient un être bonasse. Il est trop bon pour nous refuser quoi que ce soit. Il bénit tout, accepte tout. Il devient mou, faible, insignifiant. Plus de colère, plus de châtiment, plus d'enfer. Louer sa bonté devient une incantation tranquillisante. La foi devient somnifère[11].

Se trouve ainsi posé le problème de la justice et de la miséricorde divines. La justice donne à l'autre ce à quoi il a droit, alors que la miséricorde lui donne plus qu'il ne mérite. Saint Thomas d'Aquin a montré que la miséricorde de Dieu ne contredit pas sa justice. Dieu sait être à la fois miséricordieux et juste. Mais, comme nous l'avons déjà dit, les attributs de Dieu dépassent notre entendement. Ce que nous pouvons dire, cependant, c'est que l'amour est plus exigeant que la peur. La véritable relation d'amour avec Dieu éloigne davantage du péché que la crainte de la punition. Si on aime vraiment Dieu, on craint plus de l'offenser que si la relation était basée sur la crainte de la punition. De plus, celui ou celle qui offenserait Dieu parce qu'il le sait bon et qu'il est assuré du pardon n'aimerait pas Dieu.

---

11. Joseph Thomas, *L'amour plus fort que la peur*, Paris, Desclée de Brouwer, 1993, p. 51.

Ceux et celles qui aiment ne peuvent rester indifférents lorsque la personne aimée est exposée à un danger. Il en est de même de Dieu. Sa bonté n'est jamais lâche tolérance. Au contraire, Dieu fait constamment appel à la conversion et à la pénitence, il propose un cheminement qui n'est fait ni de rigueur ni de laxisme, mais d'une confiance honnête en son amour autant qu'en sa justice et sa miséricorde.

J'espère que, la grâce aidant, ces réflexions sur les fausses images de Dieu inciteront les lecteurs et les lectrices à purifier leur image de Dieu et les aideront à bâtir leur vie de foi sur le Dieu que nous révèle Jésus Christ. C'est ce que recommande saint Paul dans sa *Lettre aux Colossiens* : «[...] Vous vous êtes dépouillés du vieil homme avec ses agissements, et vous avez revêtu l'homme nouveau, celui qui s'achemine vers la vraie connaissance en se renouvelant à l'image de son créateur.» (3, 9-10)

La véritable image de Dieu: «Dieu est Amour»

Quelle est donc la vraie image de Dieu? Saint Jean, après avoir étudié toute sa vie la figure, les paroles, les actes, les souffrances de Jésus Christ, répond à notre question: «Bien-aimés, aimons-nous les uns les autres, car l'amour vient de Dieu et quiconque aime est né de Dieu. Qui n'aime pas n'a pas découvert Dieu puisque Dieu est Amour.» (1 Jean 4, 7-8)

Dieu est amour. Quel mystère! Et quand on se trouve devant un mystère, on ne peut que balbutier, comme un enfant qui veut dire quelque chose à sa mère, mais ne connaît pas encore les mots. Je vais donc, moi aussi, balbutier.

Je l'ai déjà dit, Dieu est si grand que notre esprit et notre langage humain est incapable de le décrire. Voilà pourquoi l'amour dont parle saint Jean n'a rien de commun avec ce que nous appelons couramment «amour». Pour comprendre quelque chose de l'amour de Dieu, nous ne pouvons pas nous servir de notre expérience de l'amour et l'étendre à l'infini. Notre amour est limité et imparfait, alors que l'amour de Dieu est infini et parfait.

Cependant nous ne sommes pas dans l'ignorance totale de ce qu'est l'amour de Dieu puisqu'il nous a été révélé en Jésus Christ. En effet, Jésus Christ révèle l'amour de Dieu à travers des paroles et des actes. Toute sa vie n'a pris sens qu'à travers l'amour de son Père et sa tendresse pour les humains. Il est le type même de celui qui a su aimer. Cela nous fait entrevoir la grande différence qu'il y a entre l'amour de Dieu et le nôtre et, sans en écarter le mystère, nous permet de comprendre un peu mieux l'amour divin.

De plus, même si l'amour humain est essentiellement différent de l'amour de Dieu, il doit bien y avoir entre les deux des ressemblances puisque Jésus nous dit: «Aimez-vous les uns les autres comme je vous ai aimés.» Paul se sert de l'exemple du Christ pour s'adresser spécifiquement aux maris: «[...] aimez vos femmes comme le Christ a aimé son Église.» Et saint Jean, ne dit-il pas que l'amour vient de Dieu? En comparant l'amour humain et l'amour de Dieu, nous sommes sur la voie d'une meilleure connaissance de l'amour que Dieu a pour nous. Cela est d'une extrême importance si nous voulons bâtir notre vie de foi sur le roc.

Différences entre l'amour humain
et l'amour de Dieu

Nous confondons souvent l'amour avec la sensibilité. C'est un sentiment qui nous habite et nous rend heureux. Nous en trouvons le reflet dans les chansons d'amour. Le danger de réduire l'amour à un mouvement de la sensibilité réside dans le fait que le sentiment peut changer. Les années passent, avec leur cortège d'épreuves, de désillusions; l'amour-sentiment s'effrite et disparaît. Rien de tel en Dieu. En lui, l'amour n'est pas un sentiment, c'est sa vie, sa personne. Il ne peut s'effriter et disparaître.

Une autre différence est que nous pouvons aimer les autres et aussi les haïr. Rien de tel en Dieu, puisqu'en Dieu il n'y a pas de différence entre l'être et l'agir. Non seulement il nous aime, mais il ne peut pas ne pas nous aimer. Son être, sa vie, c'est d'aimer. Il est Amour. Il nous aime donc, qui que nous soyons, quoi que nous fassions. Réalité inouïe!

Bien sûr, il n'aime pas le mal qui lui est contraire, car le mal, qu'il soit volontaire ou non, est l'opposé de l'amour. Dieu ne pourrait aimer le mal sans renier ce qu'il est, la bonté même. Il n'y a rien de commun, il n'y aura jamais rien de commun entre Dieu et le mal. Pensons à l'injustice, à la haine, à la vengeance, à l'égoïsme, à la torture, etc. Il est évident que tout cela est tellement contraire à l'amour, même sur le plan humain, qu'il l'est aussi à l'amour divin.

Mais Dieu aime le pécheur, puisqu'il a envoyé son Fils sur la Terre pour sauver ce qui était perdu. Il ne condamne pas, il ne rejette pas le pécheur, il veut le sauver. C'est le pécheur lui-même qui se condamne en refusant Dieu, «car Dieu n'a pas envoyé son Fils dans le monde pour juger le monde, mais pour que le monde soit sauvé par lui. Qui croit en lui n'est pas jugé; qui ne croit pas est déjà jugé» (Jn 3, 17-18). «C'est par le refus de la grâce en cette vie que chacun se juge déjà lui-même, reçoit selon ses œuvres et peut même se damner pour l'éternité en refusant l'Esprit d'amour[12].»

Il ne faudrait toutefois pas oublier que notre relation à Dieu ne se fait pas sans l'aide de l'Esprit. Je reviendrai plus loin sur l'importance d'accueillir l'Esprit Saint dans notre vie de foi. Mais déjà on comprend mieux pourquoi les appels à la conversion, qui est ouverture du cœur à l'amour, sont si fréquents dans la prédication de Jésus. Il ne veut perdre personne, car il aime tous les humains.

Il y a une autre façon de concevoir cette même vérité. Il nous arrive souvent à nous, humains, d'aimer les autres à cause de leurs qualités, de leurs mérites ou pour ce qu'ils nous apportent. Rien de tel en Dieu. Il nous aime parce qu'il est Amour et que son amour est gratuit. Voici un exemple d'amour humain qui peut nous aider un peu à comprendre cette facette de l'amour divin.

Un soir, une maman préparait le souper. Son petit garçon entra dans la cuisine et lui présenta une feuille de papier sur laquelle était inscrit:

Pour avoir tondu le gazon   5,00 $
Pour le nettoyage de ma chambre   1,00 $

---

12. *Catéchisme de l'Église catholique*, n° 679, p. 150.

Pour avoir fait des emplettes pour toi	0,50 $
Pour avoir gardé mon petit frère	0,25 $
Pour avoir obtenu un bon bulletin	5,00 $
Pour avoir sorti les ordures	1,00 $
Pour nettoyage et raclage de la cour	2,00 $
TOTAL	14,75 $

Sa mère le regarda. On pouvait voir dans ses yeux défiler une foule de souvenirs. Elle retourna la feuille et écrivit au verso:

Pour t'avoir porté pendant 9 mois, c'est gratuit.

Pour toutes les nuits passées auprès de toi à prier et à te soigner, c'est gratuit.

Pour toutes les inquiétudes, c'est gratuit.

Pour tous les conseils, les connaissances transmises et le prix de tes études, c'est gratuit.

Pour tes jouets, ta nourriture, tes vêtements et même pour essuyer tes larmes et te moucher, c'est gratuit.

Mon fils, fais l'addition et tu constateras que mon amour pour toi est... gratuit.

Quand le fils eut terminé sa lecture, deux grosses larmes coulaient sur ses petites joues. Il regarda sa mère et dit: «Maman, je t'aime!»

Si nous, pauvres humains, pouvons aimer de cette façon, imaginons ce que peut être l'amour de Dieu pour nous puisqu'en lui, l'amour est infini.

Vivre, c'est aimer; exister, c'est être aimé. Un pharisien, un jour, demande à Jésus: «Quel est donc le plus grand commandement dans la loi?» Jésus lui déclara: «Tu aimeras le Seigneur ton Dieu de tout ton cœur, de toute ton âme et de tout ton esprit:

voilà le plus grand et le premier commandement. Le second lui est semblable: Tu aimeras ton prochain comme toi-même. À ces deux commandements se rattachent toute la Loi ainsi que les prophètes.» (Mt 22, 34-40)

Le Christ ne pouvait être plus clair. Vivre, c'est aimer. Nous avons été créés pour aimer. Aimer comme Dieu nous aime. Imaginez qu'un bon matin, tous les chrétiens et toutes les chrétiennes du monde essayaient sérieusement d'aimer comme Dieu aime, d'un amour sans condition, d'un amour universel qui n'exclut pas les pécheurs, d'un amour gratuit, d'un amour qui va au-devant des autres, d'un amour qui se donne et qui pardonne. Il n'y aurait plus de haine, plus de rancune, plus de jalousie. Comme il ferait bon vivre dans un monde d'amour comme celui-là! N'est-ce pas ce que tous les humains désirent? Oui, le plus grand besoin des humains est d'aimer et d'être aimé. Le seul être qui puisse répondre pleinement à ce besoin, c'est Dieu, parce qu'il est l'Amour. Lui seul peut combler le cœur des humains.

Avant de clore ce chapitre, revenons à deux fausses images de Dieu évoquées plus haut. Nous disons, dans notre profession de foi: «Je crois en Dieu, le Père tout-puissant...» Mais nous avons dit que la puissance de Dieu fait parfois peur, parce que notre expérience des êtres puissants n'est pas toujours rassurante. Un être puissant peut punir, écraser. Rien de tel avec Dieu. Sa puissance est une puissance d'amour qui n'est pas comparable à la puissance d'un despote. En Dieu, c'est l'amour qui est tout-puissant. Cet amour non seulement ne menace pas, ne détruit pas, ne se venge pas, mais il va jusqu'à donner sa vie pour pardonner et sauver ceux et celles qu'il aime: «Il n'y a pas de plus grand amour que de donner sa vie pour ceux qu'on aime.» (Jn 15, 13) La mort du Christ nous révèle ce qu'est un amour tout-puissant. Le pape Jean-Paul II, dans son livre *Entrez dans l'espérance*, écrit: «L'Écriture sainte nous apprend que cette crainte, qui est le commencement de la sagesse, n'a rien à voir avec la peur de l'esclavage. Il s'agit d'une crainte filiale et non d'une crainte servile[13].»

Une autre image qui engendre la peur, avons-nous dit, est celle d'un Dieu qui nous surveille pour nous punir. Il est vrai que Dieu nous voit, mais là encore, son regard est un regard d'amour. Permettez-moi un autre exemple: Une famille vivait près d'un parc public où allaient jouer les deux jeunes enfants. Autant que possible la mère les surveillait de la fenêtre de la cuisine. Un soir, elle demande au plus jeune garçon de faire sa prière dans ses propres mots. Voici sa prière: «Merci, mon Dieu, pour maman à la fenêtre.» Il n'avait pas peur du regard de sa mère, il savait que c'était un regard d'amour, un regard de protection, de sollicitude, d'aide. C'est là une toute petite image du regard de Dieu.

Terminons ce propos sur la plus belle vérité que Dieu nous ait fait connaître, en rappelant une autre vérité qui en découle et qui est lamentablement oubliée, aujourd'hui. Parce que Dieu est Amour, tout vrai amour prend sa source en lui. En créant le premier couple, il le créa à son image, c'est-à-dire

---

13. Jean-Paul II, *Entrez dans l'espérance*, Paris, Plon/Mame pour la traduction française, 1994, p. 328.

capable d'aimer. L'amour de l'homme et de la femme, l'amour des parents et des enfants, l'amour qui pousse quelqu'un à consacrer sa vie au service des autres, tout cet amour vient de Dieu. En conséquence, il n'y a pas d'amour vrai sans lien avec Dieu, source de tout amour. Un amour qui n'aurait pas de lien avec Dieu perdrait tout caractère moral et serait soumis aux caprices de chacun. Parce qu'il ne serait pas ouvert à Dieu, il ne pourrait pas non plus être ouvert à l'autre.

Quelle puissance Dieu a voulu partager avec nous, mais aussi quelle responsabilité! Et qu'en fait-on, aujourd'hui? S'il est une tâche qui s'impose aux chrétiens et aux chrétiennes, c'est bien celle de revaloriser l'amour. Quelqu'un disait: «Le plus grand triomphe de l'esprit du mal est d'avoir fait perdre à l'amour son caractère sacré.» Le cardinal Suenens faisait à peu près la même remarque: «J'en suis arrivé à la conviction que le plus grand mal de notre temps est la désacralisation de l'amour par les médias! Et pour vous en convaincre, il vous suffira de regarder un ou deux téléromans ou *"Talk-shows"*... Si nous voulons ré-évangéliser notre peuple, il faudra à tout prix redonner à l'amour son caractère sacré.» Oui, l'amour humain a besoin d'être guéri et il appartient à chacun et chacune de nous de le faire.

Nous sommes à la recherche de ce qui est essentiel à une authentique vie de foi. Nous ne pourrions trouver base plus solide pour bâtir notre vie que l'amour de Dieu bien compris. Et en trouvant cette base, nous découvrons aussi le premier devoir du chrétien, de la chrétienne. Réfléchissons à cette affirmation du père Voillaume:

Si nous devons être en ce monde utiles à quelque chose, ce sera, à force de fidélité, d'avoir laissé voir à travers notre cœur et notre comportement, quelque chose de l'amour de Dieu pour chaque homme[14].

Demandons à l'Esprit de nous aider à croire à l'amour et de nous apprendre à aimer.

> *Père, tu connais notre foi, notre charité,*
> *notre espérance. Rends-les forts et sans failles.*
> *Viens au secours de nos frères et sœurs*
> *qui souffrent, qui sont mal aimés.*
> *Apprends-nous à être auprès d'eux et d'elles*
> *les messagers de ton amour.*
> *Amen.*

---

14. René Voillaume, *Frère de tous*, Paris, Éditions du Cerf, 1967, p.13.

Deuxième partie

Chapitre 3

Parce qu'il nous aime, Dieu nous parle

«Heureux plutôt ceux qui écoutent
la parole de Dieu et qui l'observent.»
Évangile selon saint Luc 11, 28

Un amour qui se tait est un amour stérile. Il convenait donc que Dieu nous dise son amour. Il l'a fait. Ce sera le sujet de cette méditation.

Dieu parle à notre conscience

Dieu a voulu dévoiler progressivement les grandes vérités de son mystère ainsi que la nature des liens qu'il voulait entretenir avec nous. Il a d'abord imprimé dans l'âme de tous les humains une capacité à distinguer entre le bien et le mal. Le concile Vatican II le déclare en effet:

Au fond de sa conscience, l'homme découvre la présence d'une loi qu'il ne s'est pas donnée lui-même, mais à laquelle il est tenu d'obéir. Cette voix qui ne cesse de le presser d'aimer, d'accomplir le bien et d'éviter le mal, au moment opportun résonne dans l'intimité de son cœur [...]. C'est une loi inscrite par Dieu au cœur de l'homme [...]. La conscience est le centre le plus intime et le plus secret de l'homme, le sanctuaire où il est seul avec Dieu et où sa voix se fait entendre[15].

Voilà une première manifestation de l'amour de Dieu. La conscience est le fondement de la dignité humaine. Plus une personne agit selon sa conscience, plus elle est humaine, plus elle a des chances, aussi, de rencontrer un Dieu Amour. Mais le contraire est également vrai. Cela n'expliquerait-il pas, du moins en partie, la violence qui caractérise notre époque? Dans un monde qui vit comme si Dieu n'existait pas, comme le dit le pape Paul VI, il n'est pas facile d'entendre Dieu qui parle au cœur. Le *Catéchisme de l'Église catholique* déclare:

La dignité de la personne humaine implique et exige la rectitude de la conscience morale [...]. Elle permet d'assumer la responsabilité des actes posés [...]. La conscience doit être informée et le jugement moral éclairé[16].

Comment former sa conscience? Par l'écoute de la Parole de Dieu, proclamée par l'Église, et par la prière. C'est le moins que l'on puisse faire pour répondre à l'amour que Dieu nous manifeste en parlant à notre cœur: «Car la parole est tout près de toi, elle est dans ta bouche et dans ton cœur.» (Dt 30, 14)

---

15. Vatican II, *L'Église dans le monde de ce temps*, «*Gaudium et Spes*», n° 16.

16. *Op. cit.*, n° 1780-1783, p. 378-379.

Dieu nous parle par les prophètes

Au début, Dieu a d'abord fait connaître sa volonté à un peuple choisi en lui donnant sa Loi, par Moïse, au Sinaï.

Pour éclairer la Loi, il y a eu des prophètes. La volonté de Dieu s'est exprimée aussi par leur message. Ils ont manifesté, chacun à leur époque, d'une manière vivante et concrète, la volonté de Dieu. Tous ces messages ont été consignés par écrit et transmis aux générations suivantes. Les Saintes Écritures sont ainsi devenues la force et la norme de toute la vie du peuple. La volonté de Dieu se manifeste à travers la Loi et les Prophètes, mais ce n'est pas sa forme la plus achevée. Jésus vient et déclare: «Ne croyez pas que je sois venu abolir la Loi et les Prophètes; je ne suis pas venu abolir, mais accomplir.» (Mt 5, 17)

Jusqu'à la venue de Jésus, Dieu avait parlé à son peuple par des intermédiaires. Jésus ne vient renier aucune de ces paroles. Mais, à travers son Fils, Dieu choisit une autre façon de faire connaître sa volonté, meilleure que la Loi et les Prophètes: sa Parole vivante. Il l'a donnée en envoyant son Fils. Les Écritures le confirment: «Après avoir, à maintes reprises et sous maintes formes, parlé jadis aux Pères par les prophètes, en ces jours qui sont les derniers, il nous a parlé par le Fils...» (Hb 1, 3)

Dieu nous parle par son Fils

L'on demandait, un jour, à un homme: «Qui est Jésus Christ pour vous?» Il répondit: «Pour moi, Jésus Christ est avant tout un homme qui parle.» C'est vrai, mais Jésus est plus que cela. Il ne fait pas que parler, il **est** la Parole de Dieu: «Le Verbe (c'est-à-dire la Parole) s'est fait chair et il a habité parmi nous.» Ce Verbe, dit saint Jean, «était avec Dieu et ce Verbe était Dieu» (Jn 1, 1-14). Nous sommes ici en plein cœur de la vie de foi. Si Jésus est la Parole de Dieu, si cette Parole est un être vivant, si cet être vivant est la voie, la vérité et la vie, la vie de foi consistera donc à suivre cette voie, à vivre cette vérité, à jouir de cette vie «par lui, avec lui et en lui», comme nous le disons dans la liturgie eucharistique.

Si Jésus Christ est la Parole de Dieu, l'objet de la foi n'est pas qu'un catalogue de vérités abstraites, mais une personne vivante. Dans ses *Mémoires d'une jeune fille rangée*, Simone de Beauvoir parle de Dieu presque à chaque page. Mais pour elle, Dieu n'est qu'une idée épurée; à ce point, dit-elle, qu'il a perdu tout visage, tout lien concret avec la terre et, à la limite, l'être même. Elle ne parle jamais du Christ, Parole de Dieu. Une personne vivante qui parle ne s'évapore pas. Les croyants et croyantes ne peuvent jamais oublier que, dans la foi, ils rencontrent un Dieu vivant et non une idée ou un concept. D'après la Bible, la Parole de Dieu, proclamée par Jésus Christ, est puissance, elle accomplit ce qu'elle dit, comme à la création du monde. Dieu dit: «Que la lumière soit, et la lumière fut.» Quand Jésus dit: «Ceci est mon corps», le pain devient le Corps du Christ. Jésus a proclamé définitivement ce qu'est la volonté de Dieu et comment il nous faudra l'accomplir. Sa parole achève et accomplit toutes les paroles qui ont précédé et les met dans une lumière nouvelle, dans la vraie lumière: «Je suis la lumière du monde. Qui me suit ne marche pas dans les ténèbres, mais aura la lumière de la vie.» (Jn 8, 12) Cette lumière nous éclaire sur le sens de la vie et la route à suivre. Ainsi le Christ, Parole de Dieu, est au cœur de l'histoire humaine et cela, jusqu'à la fin des temps, car sa parole est éternelle: «Le ciel et la terre passeront, mais mes Paroles ne passeront pas.» (Mt 24, 35)

Dieu est Amour, avons-nous dit. Jésus, Parole de Dieu, nous révèle l'amour de Dieu pour nous. Et si cette Parole est la base, l'essentiel de la vie de foi, il s'ensuit que le premier devoir d'un croyant ou d'une croyante est de scruter les paroles de Jésus, de connaître son enseignement. Et quel est l'endroit privilégié – je ne dis pas le seul endroit, mais l'endroit privilégié – où la Parole de Dieu est proclamée, commentée, chantée et priée? C'est dans la communauté chrétienne. Voilà une bonne raison de la fréquenter régulièrement!

J'ai dit, plus haut, qu'à cause des changements survenus dans notre monde, au cours des dernières décennies, il nous fallait entreprendre ensemble une nouvelle évangélisation de notre peuple. Pour cela, il faudra à tout prix trouver le moyen de faire entendre la Parole de Dieu et d'aider à la comprendre. L'un de ces moyens serait évidemment d'amener les hommes et les femmes d'ici à fréquenter davantage la communauté des baptisés. Il faudra, en même temps, rendre nos rencontres dominicales plus vivantes, plus attrayantes, et notre prédication plus incarnée, et adapter notre langage à la culture d'aujourd'hui. Si les gens d'ici ne trouvent pas dans l'homélie des vérités qui les interpellent et les incitent à changer leur cœur et donc leur vie, si l'homélie ne leur propose pas des façons justes et pratiques de vivre les vérités révélées par la Parole de Dieu, nous ne réussirons pas à ré-évangéliser ce peuple et la pratique religieuse continuera de baisser. Il faudrait aussi utiliser bien davantage les moyens modernes de communication. Ce n'est pas chose facile, mais il faut encourager et soutenir ceux et celles qui essaient de le faire.

La Parole de Dieu, révélatrice de l'amour de Dieu, représente donc un terrible défi pour un monde comme le nôtre. Heureusement, Jésus nous a promis d'envoyer l'Esprit Saint pour nous aider à comprendre et à proclamer la Parole de Dieu. Mettons notre confiance en lui et travaillons à faire connaître la Parole de Dieu apportée au monde par Jésus, le Fils.

Dieu nous parle par l'Église

La Parole de Dieu, proclamée par Dieu lui-même, par les prophètes et par Jésus Christ, devait être préservée et transmise. Des hommes, mus par l'Esprit Saint, ont consigné par écrit leurs expériences de rencontres avec Dieu. C'est la Bible, la Parole de Dieu pour nous.

> La Bible est «le Livre» dans lequel est transmise la Révélation de Dieu et de son projet d'amour, depuis la création, à travers l'histoire d'un peuple choisi par lui, Israël, jusqu'au point de plénitude de cette histoire: la vie, la mort et la résurrection de Jésus, l'effusion du Saint-Esprit[17].

L'Ancien Testament raconte l'histoire du peuple choisi par Dieu pour révéler son amour et préparer la venue de son Fils. Le Nouveau Testament révèle, lui aussi, l'amour de Dieu par les paroles et les œu-

---

17. Les évêques de France, *Catéchisme pour adultes*, Paris, Association épiscopale catéchistique, 1991, n° 55, p. 43.

vres de son Fils incarné, Jésus Christ. À l'intérieur de cet ensemble appelé les «Écritures Saintes», les *Évangiles* occupent une place tout à fait privilégiée.

Mais il ne suffisait pas de mettre par écrit les paroles et les œuvres de Dieu, il fallait en confier la garde à des personnes chargées de proclamer et d'interpréter la Bonne Nouvelle jusqu'à la fin des temps. Nous savons bien qu'il est possible d'interpréter des paroles et des textes de diverses manières. Il suffit de penser à la façon dont des sectes religieuses interprètent la Bible. Au cours des siècles, de nombreux livres ont été écrits pour expliquer la Parole de Dieu, se réclamant parfois même de l'autorité de l'un ou de l'autre apôtre. Il fallait confier à quelqu'un la tâche d'assurer, avec l'aide de l'Esprit Saint, l'authenticité de l'Écriture Sainte.

Avant de mourir, Jésus a confié cette tâche à l'Église, au Magistère de l'Église, aux apôtres d'abord, puis à leurs successeurs: le pape, les évêques, aidés de tout le peuple de Dieu. L'Église est donc la gardienne de la Parole de Dieu.

> [L'Église] n'est pas supérieure à la Parole, elle s'y soumet avec humilité et se juge à sa lumière. Mais elle en est aussi la gardienne et il est bien présomptueux de prétendre la lire sans elle, en dehors d'elle ou contre elle[18].

Nous trouvons la même doctrine dans un document du concile Vatican II: «La Parole de Dieu, écrite ou transmise, a été confiée au seul Magistère vivant de l'Église dont l'autorité s'exerce au nom de Jésus Christ.» (*Dei Verbum*, 10) L'Église, avec l'aide

---

18. Philip Farlay, *Abrégé de la foi catholique*, Paris, Desclée, 1986, p. 106.

de l'Esprit Saint, nous rend donc l'immense service d'interpréter la Parole de Dieu, sans risques d'erreurs, puisque le Christ déclare: «Qui vous écoute, m'écoute, qui vous méprise, me méprise.» (Lc 10, 16) «Séparer l'Église de la Parole de Dieu, c'est la vider de son sang et de sa vie, et c'est priver la Parole de Dieu de toute action réelle, de tout efficacité[19].»

Je reviendrai plus loin sur le rôle de l'Église dans la vie de foi. Réjouissons-nous du fait que l'Église ait gardé fidèlement les enseignements de la Parole de Dieu et remercions l'Esprit Saint qui l'assiste.

> Or, comment l'invoqueraient-ils, sans avoir cru en lui? Et comment croiraient-ils en lui, sans l'avoir entendu? Et comment l'entendraient-ils si personne ne le proclame? Et comment le proclamer sans être envoyé? [...] Ainsi la foi vient de la prédication et la prédication, c'est l'annonce de la Parole du Christ. (Rm 10, 14-15. 17)

Oui, dans l'histoire, Dieu a pris la parole. Il a interpellé les humains pour leur dire qu'il existe, pour leur révéler son nom. C'est le grand événement de l'histoire, la nouvelle brûlante qui est au-dessus de toutes les autres.

Que seraient nos vies humaines sans la parole? Que serait la vie conjugale sans la parole? «Parle-moi ou je meurs», disait une femme à son mari. «Il assure encore ma subsistance, mais il ne me fait pas exister», disait cette autre. Que serait la vie familiale sans parole? Les enfants pourraient-ils se développer normalement si les parents ne leur parlaient pas?

---

19. Jacques Guillet, *Un Dieu qui parle*, Paris/Montréal, Desclée de Brouwer/Bellarmin, 1977, p. 41.

Sûrement pas! Par la parole, on s'identifie, on se fait connaître, on crée des liens d'amitié et de solidarité. Toute la vie consciente des humains s'accomplit grâce à la parole, depuis les petits gestes de tous les jours jusqu'aux décisions les plus importantes.

Pourquoi ce qui est si évident, sur le plan humain, ne le serait-il pas sur le plan de la foi? La Parole de Dieu est le roc sur lequel on fonde une vie de foi. Le Christ, lui-même Verbe, Parole de Dieu, nous le dit dans l'Évangile:

> Ainsi tout homme qui entend les paroles que je viens de dire et les met en pratique peut être comparé à un homme avisé qui a bâti sa maison sur le roc. La pluie est tombée, les torrents sont venus, les vents ont soufflé: ils se sont précipités contre cette maison et elle ne s'est pas écroulée, car ses fondations étaient sur le roc. Et tout homme qui entend les paroles que je viens de dire et ne les met pas en pratique peut être comparé à un homme insensé qui a bâti sa maison sur le sable. La pluie est tombée, les torrents sont venus, les vents ont soufflé; ils sont venus battre cette maison, elle s'est écroulée et grande fut sa ruine. (Mt 7, 24-27)

Peut-on exprimer plus clairement l'importance de la Parole de Dieu dans une vie de foi? Comment ne pas se demander si la nôtre est bâtie sur le roc ou sur le sable? Que faisons-nous pour connaître cette Parole? Notre vie de foi peut-elle résister à la tempête qui souffle sur elle, aujourd'hui? Autant de questions qu'une chrétienne, un chrétien sérieux ne peut éviter de se poser.

Il y a donc, chez un grand nombre de croyants et de croyantes, une grande conversion à faire face à la Parole de Dieu. Le concile Vatican II ne dit-il pas:

L'Église a toujours vénéré les divines Écritures comme elle l'a fait aussi pour le corps même du Seigneur. Elle ne cesse pas, surtout dans la sainte liturgie, de prendre le pain de vie sur la table de la Parole et celle du Corps du Christ pour l'offrir aux fidèles[20].

La Parole et le Pain, l'Évangile et l'Eucharistie, telles sont les deux sources où les chrétiens et les chrétiennes viennent nourrir leur foi. Pourquoi accordait-on autrefois moins d'importance à la Parole de Dieu qu'à l'Eucharistie, au point de croire que si l'on arrivait à la messe à l'offertoire, on n'avait rien perdu... Le Concile rejette cette dissociation:

La liturgie de la parole et la liturgie eucharistique sont si étroitement unies entre elles qu'elles constituent un seul acte du culte. Aussi le saint Concile exhorte-t-il vivement les pasteurs à enseigner activement aux fidèles qu'il faut participer à la messe entière[21]...

L'un des phénomènes les plus consolants de ces dernières décennies est le fait que des aînés, de nombreux jeunes et adultes aient retrouvé le goût de lire et d'étudier la Parole de Dieu, de la méditer et de la partager avec d'autres pour mieux vivre les valeurs qu'elle propose. Le phénomène n'a pas fait de bruit, on en parle peu dans les grands médias, mais il est lourd d'espérance pour l'avenir du monde.

Terminons ce chapitre par cette belle réflexion de Claudel:

C'est tout de même une chose énorme que Dieu ait parlé distinctement aux hommes et que cette Parole

---

20. Vatican II, *Constitution dogmatique sur la révélation divine*, n° 21.
21. Vatican II, *La sainte liturgie*, n° 56.

ait été consignée pour tous les temps dans un document écrit. Cette Parole, ce n'est pas assez de la parcourir des yeux et des lèvres, il faut s'y attacher, il faut y séjourner, il faut s'en imprégner.

Oui, Dieu a parlé aux pauvres pécheurs que nous sommes. Mais, il ne pouvait pas se taire, il nous aime!

Père, Dieu d'amour, nous disons merci de nous avoir envoyé, en Jésus, ta Parole éternelle. Nous te demandons de la faire retentir dans l'Église et dans le monde. Qu'elle apporte à tous force, vérité et lumière. Amen.

Chapitre 4

Parce qu'il nous aime, Dieu nous donne son Fils

> «En ceci s'est manifesté l'amour de Dieu pour nous: Dieu a envoyé son Fils unique dans le monde afin que nous vivions par lui.»
>
> *Première épître de saint Jean*, 4, 9

Des livres et des livres ont été écrits sur Jésus Christ. Je me limiterai ici à un aspect de sa mission: Jésus Christ, Fils de Dieu, nous révèle l'amour du Père.

Jésus Christ est Fils de Dieu

C'est d'abord sa naissance qui nous le révèle. Un ange apparaît à Marie et lui demande si elle accepte d'être la mère du Fils de Dieu. «Je suis vierge», dit Marie. L'ange répond: «L'Esprit Saint viendra sur toi et la puissance du Très-Haut te prendra sous son ombre; c'est pourquoi l'être saint qui naîtra sera appelé "Fils de Dieu.» (Luc 1, 35) Marie accepte et neuf mois plus tard elle donne naissance à l'enfant, dans une étable. Un ange apparaît aux bergers des alentours et leur dit: «Soyez sans crainte, car voici que je vous annonce une grande joie qui sera celle de tout le peuple: aujourd'hui, vous est né un Sauveur.» (Luc 2, 10) Les bergers vont voir et trouvent Marie, Joseph et l'enfant. En s'en retournant, ils répandent la Bonne Nouvelle dans toute la région.

La venue de Jésus Christ sur la terre des humains, il y a deux mille ans, est l'expression sensible d'un acte d'amour unique et éternel. Le Fils de Dieu est Dieu, comme le Père, mais il prend un corps d'homme, un cœur d'homme, une vie d'homme. Dieu est devenu Dieu-fait-homme. Pourquoi fait-il tout cela? L'ange a dit: «Un Sauveur vous est né!» Dieu s'incarne pour nous sauver, parce qu'il nous aime. «Aimer, dit le père Varillon, c'est vouloir devenir celui qu'on aime, ne faire qu'un avec lui... Il n'est pas possible à un Dieu d'aimer davantage l'homme qu'en devenant lui-même un homme.» Plus loin, nous compléterons cette phrase en disant: «... et en mourant pour lui.»

Le fait historique de la naissance de Jésus a transformé, au cours de l'histoire, la vie des croyants et des croyantes. Ses conséquences sont immenses. Il y a un «avant» et un «après» cet événement. La naissance de Jésus est le début d'une nouvelle histoire, d'une nouvelle alliance entre Dieu et les humains. Elle est le début d'une série d'événements qui aboutiront à une transformation totale de nos vies. Au point que nous deviendrons tous et toutes, nous aussi, par adoption, des fils et des filles de Dieu, ses héritiers. Chose inouïe!

«Un enfant nous est né, un fils nous est donné.» Après vingt siècles, le monde entier se souvient de l'événement, même si beaucoup des gens n'en saisissent pas vraiment le sens et la portée. Cette nuit est un cadeau, même pour un monde profane, même pour une société sécularisée. C'est le moment où tous les gens veulent se retrouver ensemble, entre amis ou en famille, pour ne pas être seuls à goûter à la Bonne Nouvelle. C'est la fête de l'amour, l'annonce d'une vérité essentielle à une vie de foi.

Pour terminer ce premier point, imaginons Dieu se parlant à lui-même:

> J'avais tout fait pour élever l'homme jusqu'à moi et assurer ainsi son bonheur, sur terre et durant l'éternité. Puisqu'il n'a pas voulu s'élever, moi je m'abaisserai jusqu'à lui, je me ferai semblable à lui. Je voulais en faire un Dieu, mais il a rejeté mon offre. Je me ferai homme, pauvre, enfant, souffrant, afin de lui montrer que je ne suis qu'amour. Peut-être m'aimera-t-il. Peut-être alors comprendra-t-il qu'il ne peut trouver son bonheur, terrestre et éternel, qu'en moi[22].

La vie publique de Jésus, de sa prédication à sa mort

La première caractéristique de la prédication de Jésus est d'être centrée sur le Royaume de Dieu: «Il parcourait toute la Galilée, enseignant dans leurs synagogues, proclamant la Bonne Nouvelle du Royaume...» (Mt 4, 23) Mais qu'est-ce que ce Royaume qui doit apporter courage et espoir à tous les humains? La bonne nouvelle du Royaume de Dieu a été l'annonce d'un nouvel état de choses sur

---

22. F. Lelotte, s.j., *La solution du problème de la vie*, Bruxelles, Casterman, 1947, 3e cahier, p. 4.

la terre. La venue du Fils de Dieu inaugure un «monde nouveau». Qu'est-ce qui va caractériser ce monde nouveau? Jésus répond à cette question dès le début de son ministère, en proclamant les «Béatitudes»:

> «Bienheureux, vous, les pauvres: le Royaume de Dieu est à vous...
> Heureux, vous qui avez faim maintenant: vous serez rassasiés...
> Heureux, vous qui pleurez maintenant: vous rirez...» (Lc 6, 20-23)

Ce «nouveau monde» inauguré par Jésus sera d'abord pénétré de l'amour et de la présence de Dieu, il sera un lieu où les humains pourront vivre en frères. Le Royaume de Dieu est là où ceux et celles qui, dans la foi, collaborent avec Dieu, au milieu d'eux, pour faire de l'humanité une grande famille. Pour faire un monde où les délaissés, les abandonnés, les marginalisés, comme les pauvres, les pécheurs, les opprimés, les écrasés seront aimés et secourus. Ce Royaume ne se réalisera pas d'un coup; il est encore loin d'être terminé, mais il est là et sera là tant et aussi longtemps qu'il y aura des personnes et des communautés pour lutter, avec Jésus, au triomphe du bien sur le mal.

La deuxième caractéristique de la prédication de Jésus est qu'il donne une nouvelle dimension à la charité fraternelle. Avant Jésus, les gens se considéraient unis uniquement par les liens du sang. Ceux qui n'appartenaient pas à la même famille, au même peuple, étaient des étrangers. Le commandement «Aime ton prochain comme toi-même» avait donc un sens assez restreint. On pouvait se considérer obéissant à la loi en aimant ses proches, tout en méprisant les étrangers. La fraternité envers les uns incluait toujours l'hostilité envers les autres[23]. D'où la surprise des auditeurs de Jésus lorsqu'ils l'entendent dire: «Moi je vous dis, à vous qui m'écoutez: aimez vos ennemis, faites du bien à ceux qui vous haïssent, priez pour ceux qui vous diffament.» (Lc 6, 27)

Le Royaume de Dieu est donc là où une nouvelle solidarité est en train de se bâtir, universelle celle-là. Jésus appelle à une solidarité à la dimension de l'humanité. Il joint l'acte à la parole, pratiquant lui-même ce qu'il enseigne. Toute sa vie, il a eu une préférence pour ceux qui souffraient d'un manque d'amour, parce qu'il était venu pour révéler l'amour de Dieu. Mais son amour ne s'est pas limité aux pauvres. Jésus a aussi aimé les autres, les classes moyennes et les riches, non pas à cause de leurs richesses ou de leur rang dans la société, mais parce qu'ils étaient, eux aussi, créatures de Dieu.

Voilà donc ce que Jésus nous révèle de Dieu par sa prédication et sa façon de vivre: Dieu aime tous les humains, sans considération de prestige ou de rang social, en particulier ceux et celles qui ne sont pas aimés de leurs frères et sœurs, uniquement parce qu'ils sont membres de sa famille à lui.

Ce que la mort et la résurrection de Jésus nous révèlent de Dieu

Quel est le sens profond de la mort de Jésus? La question vaut la peine d'être posée car nos croix à

---

23. Voir Albert Nolan, o.p., *Jésus avant le christianisme*, Paris, Éd. Ouvrières, 1978, p. 83-85.

nous: souffrances, maladies, faiblesses, tentations, échecs, abandons, n'auront de sens que si nous comprenons le sens de la croix de Jésus.

La mort de Jésus

On peut interpréter la passion et la mort du Christ de diverses façons. Une première interprétation, celle de mon enfance, se résume ainsi: Les humains ont péché. Ce péché a soulevé la colère de Dieu. Pour apaiser cette colère et rétablir les ponts entre l'humanité pécheresse et Dieu, il fallait que quelqu'un expie. C'est Jésus Christ, Fils de Dieu, qui est envoyé par le Père, afin d'effacer le mal par sa passion et sa mort sur la croix.

Cette explication repose sur une terrible image de Dieu, l'image d'un Dieu en colère, qui punit, qui se venge, qui est satisfait de voir souffrir son Fils. Quel Père! Le cardinal Ratzinger écrit: «On se détourne avec horreur d'une justice divine dont la sombre colère enlève toute crédibilité au message de l'amour de Dieu[24].» Le mot est lâché: voilà une interprétation qui occulte l'amour, alors que Jésus nous dit qu'il n'y a pas de plus grande preuve d'amour que de donner sa vie pour ceux que l'on aime.

Dieu est Amour. Il nous a donné son Fils pour nous révéler qui il est. Il faut bien savoir à quel Dieu nous croyons. Jésus devait donc nous donner la plus grande preuve d'amour que l'on puisse donner: mourir pour ceux et celles que l'on aime. Ne dit-il

---

24. Joseph Ratzinger, *Foi chrétienne, hier et aujourd'hui*, Paris, Mame, 1969, p. 197.

pas «Qui me voit, voit le Père»? En croix, Jésus révèle donc l'amour du Père. Il traduit en gestes et en actes visibles ce qui est invisible en Dieu. Et cela durera jusqu'à la fin.

Quelle est la conséquence de cette exceptionnelle manifestation d'amour? Le salut du monde. «Car le Fils de l'homme est venu sauver ce qui était perdu.» (Mt 9, 56) «[...] Conduit jusqu'à son propre accomplissement, il devint pour tous ceux qui lui obéissent cause de salut éternel.» (Hb 5, 9)

Le salut est le but de la vie de Jésus. Il est venu ici-bas pour sauver ce qui était perdu. Il s'agit donc là d'un problème essentiel. Le Christ en croix est «l'Agneau de Dieu qui enlève le péché du monde», comme on le rappelle à chaque eucharistie. Voilà ce que Dieu nous a dit et ce qu'il a fait, en nous donnant son Fils.

> Le Christ nous sauve parce qu'il meurt pour nous; parce que sa vie et sa mort témoignent de l'amour infini de Dieu et nous montrent un chemin qui conduit à lui. Tel est, en peu de mots, le donné de la Tradition sur le salut chrétien[25].

Le Christ meurt pour nous sauver. Sa mort n'est pas une punition. Le Père nous donne son Fils parce qu'il nous aime. Le Fils donne sa vie pour la même raison et pour révéler l'amour du Père. La mort du Christ est une offrande volontaire, donc acceptée par amour, pour la multitude humaine. L'Écriture traduit cette réalité par des mots comme «rachat», «libération», «réconciliation», «salut», «vie»... Le

---

25. Bernard Rey, *Jésus-Christ, chemin de foi*, Paris, Cerf, 1981, p. 141.

mystère de la Rédemption est la plus haute expression de l'amour du Père et du Fils pour nous.

On comprend alors la remarque de saint Albert le Grand: «Vaut mieux faire une demi-heure de méditation sur la Passion qu'un mois de pénitence.»

Mais tout n'est pas encore dit sur la mort du Christ. Un prêtre d'Amérique latine, le père Juan Suria, écrit:

> Ça n'a pas de sens de célébrer la mort du Christ sur la croix, si on ne voit pas la mort cruelle du Christ dans son peuple. Dernièrement, on a déploré la mort de plusieurs prêtres. Ce n'est pas avec un fusil à la main qu'ils ont été abattus, mais en disant la messe. Leurs eucharisties sont demeurées inachevées comme celle de Mgr Romero... J'ai vu les hosties d'une messe inachevée dispersées sur le sol, tachées du sang du peuple[26].

Que devons-nous voir dans ces faits? Le sang du peuple continue la passion et la mort du Christ. Le sang des martyrs continue l'amour du Christ pour les pauvres, les délaissés, les affligés. «J'ai eu faim et vous m'avez donné à manger. J'ai eu soif et vous m'avez donné à boire. J'étais malade et vous m'avez visité... Quand Seigneur avons-nous fait cela pour Toi? En vérité, en vérité je vous le dis, dans la mesure où vous l'avez fait à l'un de ces plus petits de mes frères, c'est à moi que vous l'avez fait.» (Mt 25, 32-40)

Dans cette perspective, la passion du Christ n'est pas qu'un événement passé, elle continue. Le

---

26. A. M. Carré, *Demeurez dans ma parole*, Paris, Cerf, 1980, p. 120.

pire qui pourrait arriver au monde et à l'Église serait que les chrétiens ne vibrent plus face à la croix qui leur rappelle que Dieu les aime au point de donner sa vie pour eux. Dans un camp de concentration allemand, un adolescent catholique venait d'être pendu. Quelqu'un dans la foule cria : «Où est-il son Dieu?» Un autre répondit: «Là, au bout de la corde!» «Jésus Christ est à l'agonie jusqu'à la fin du monde», écrivait Pascal. Oui, partout où un être humain agonise, le Christ agonise. Partout où un être humain souffre, le Christ souffre.

La résurrection de Jésus

Après la mort de Jésus, les apôtres sont non seulement tristes, mais inquiets. Est-ce la fin d'un beau rêve? Il y a tant de promesses non réalisées si Jésus reste dans la mort. Comment lui et son Père peuvent-ils venir demeurer en nous? Comment Jésus peut-il donner son corps comme nourriture? Comment peut-il nous donner une nouvelle vie? Il est vrai que Jésus avait parlé de résurrection, mais les disciples semblent en douter, ceux d'Emmaüs retournent déçus dans leur village.

Le matin de Pâques, les saintes femmes vont au tombeau et le trouve vide. Un ange leur dit que le Christ est ressuscité. On connaît le reste de l'histoire. Jésus apparaît à plusieurs reprises à Jérusalem et en Galilée.

Qu'est-ce que la résurrection? Ce n'est pas une réanimation du corps. Le corps de Jésus est débarrassé des limites, des défauts de la matière, libéré des lois physiques et biologiques. Son corps est glorifié, il ne peut plus mourir. Il entre au cénacle alors que les portes et les fenêtres sont fermées.

Maintenant, il peut tenir ses promesses de demeurer présent aux siens jusqu'à la fin des temps, de leur donner son corps en nourriture, de pardonner les péchés, d'envoyer l'Esprit Saint... La résurrection est la plus grande fête de l'année parce que c'est l'événement qui rend possible la réalisation du plan de salut de Dieu sur le monde, centre de l'histoire. C'est l'événement d'où est sorti le christianisme, il est le fondement de notre foi. En effet, saint Paul affirme: «Si le Christ n'est pas ressuscité, vide alors est notre message, vide aussi notre foi... vous êtes encore dans vos péchés.» (1 Co 15, 14-17)

Cette résurrection n'est pas une simple continuation de la vie terrestre de Jésus. C'est un don nouveau de son amour. Et lorsque l'Esprit descendra sur les disciples, un peu plus tard, plusieurs croiront en la résurrection et se convertiront. Ce moment de conversion dure toujours et durera jusqu'à la fin des temps, car c'est de cela dont les humains ont le plus besoin au monde, même s'ils ne le réalisent pas toujours: l'amour de Dieu.

Dieu notre Père, accorde-nous de si bien croire en Ton Fils, Jésus Christ, que nous sachions reconnaître comment il se manifeste chaque jour dans l'Église et en nos frères et sœurs.
Amen.

Chapitre 5

Parce qu'il nous aime, Dieu nous donne l'Église

Parce que Dieu nous aime, il nous parle et nous donne son Fils. Tous admettront sans trop de difficulté que ce sont là d'authentiques, d'extraordinaires preuves d'amour. L'Église peut-elle être vue, elle aussi, comme une preuve d'amour? Ce n'est pas évident, aujourd'hui. Cette pauvre Église est si mal connue malgré son âge.

De qui parle-t-on lorsque l'on parle de l'Église? Du pape, des évêques, des prêtres? Le terme «Église» est chargé d'un tel poids d'histoire et d'expériences qu'il ne désigne pas toujours la même réalité. Pour les uns, l'Église est dépassée, autoritaire, tatillonne... D'autres prétendent s'arranger directement avec Dieu, sans intermédiaires: «Dieu, oui; l'Église, non.» *Paris Match* publiait, il y a quelque temps, un entretien de Robert Serrou avec le sociologue catholique Émile Poulat. L'entretien était placé sous le titre:

«L'Église est en train de devenir un monument historique». Déjà, Gilbert Cesbron disait: «Nous parlons de l'Église comme nous parlons des gens, en oubliant que nous en sommes.» Il est donc essentiel pour renouveler notre foi de revoir nos idées sur l'Église. D'autant plus que nous vivons à une époque où l'individualisme religieux tend à s'accentuer. La vie de foi devient une affaire non seulement personnelle, mais privée. L'Église est de plus en plus perçue comme un poids. Pourtant, nous savons bien, par expérience, que sans rassemblement ni organisation, aucun groupe ne peut exister. Nous avons besoin des autres pour vivre, nous avons besoin des autres pour nous sauver. Nous avons besoin de nous rassembler comme l'ont compris les premiers chrétiens qui se «montraient assidus à l'enseignement des apôtres, fidèles à la communion fraternelle, à la fraction du pain et aux prières» (Ac 2, 42).

Il n'est pas possible ici de parler longuement de l'Église. Je me limiterai à rappeler brièvement quelle est son origine et sa mission et en quoi elle est manifestation de l'amour de Dieu pour nous.

L'origine de l'Église

On peut affirmer que l'Église a été voulue par Dieu de toute éternité, que Jésus Christ en a posé les fondements et que l'Esprit Saint les a consolidés à la Pentecôte. En effet, de toute éternité Dieu a voulu le salut des humains. C'est une des raisons pour lesquelles il a envoyé son Fils sur la Terre. Le Fils a réalisé le dessein de Dieu, en mourant sur la croix et en ressuscitant. Ensuite, il est «monté au ciel et est assis à la droite du Père». Mais va-t-il sauver les humains du haut du ciel, de l'extérieur? Non, il va continuer à habiter la Terre, à demeurer avec les siens, mais d'une façon invisible. Il a fondé son Église pour que par des signes, des symboles, des ministres qui révèlent et localisent visiblement l'action de Dieu, nous puissions nous unir à lui et travailler au salut du monde. Nous verrons comment cela se fait, mais nous pouvons déjà saisir pourquoi nous disons que l'Église manifeste l'amour de Dieu pour nous.

Comment l'Église est-elle devenue manifestation de l'amour de Dieu? Pendant trois ans, Jésus prêche, annonce la Bonne Nouvelle du Royaume. Mais il va plus loin, il rassemble autour de lui un embryon de communauté. Il choisit douze apôtres, les éduque, en nomme un, Pierre, chef du groupe, et il les envoie en mission, leur promettant d'être avec eux et leurs successeurs jusqu'à la fin des siècles: «Tout pouvoir m'a été donné au ciel et sur la terre. Allez donc, de toutes les nations faites des disciples, les baptisant au nom du Père et du Fils et du Saint Esprit et leur apprenant à observer tout ce que je vous ai prescrit. Et voici que je suis avec vous pour toujours, jusqu'à la fin du monde.» (Mt 28, 18-20)

Dix jours après être monté au ciel, Jésus accomplit la promesse qu'il avait faite en leur disant: «Mais vous allez recevoir une force, celle de l'Esprit Saint, qui descendra sur vous. Vous serez alors mes témoins à Jérusalem, dans toute la Judée et en Samarie, et jusqu'aux extrémités de la terre.» (Ac 1, 8) Cette promesse s'accomplit le jour de la Pentecôte, comme en témoigne le récit du livre des *Actes des Apôtres* : «Le jour de la Pentecôte étant arrivé, ils se trouvaient tous ensemble dans un même lieu, quand, tout à coup, vint du ciel un bruit tel que celui d'un violent coup de vent, qui remplit toute la maison où ils se tenaient. Ils virent apparaître des langues qu'on eut dit de feu; elles se partageaient et il s'en posa une sur chacun d'eux. Tous furent remplis de l'Esprit Saint et commencèrent à parler en d'autres langues, selon que l'Esprit leur donnait de s'exprimer.» (2, 1-4) L'Église naissait, toute équipée pour réaliser le dessein de Dieu sur le monde. Un autre signe de l'amour de Dieu venait d'apparaître sur la terre des humains.

> Le Christ, unique médiateur, crée et continuellement soutient sur la terre, comme un tout visible, son Église sainte, communauté de foi, d'espérance et de charité par laquelle il répand, à l'intention de tous, la vérité et la grâce[27].

La nature de l'Église

Il n'est pas facile de définir l'Église. C'est une réalité qui, en partie du moins, reste mystérieuse. L'Église est «une réalité complexe, faite d'un double élément humain et divin», rappelle le concile Vatican II. Si elle n'était qu'humaine, il y a longtemps qu'elle aurait été détruite par les erreurs, les péchés de ses chefs et de ses membres. Voilà pourquoi on ne peut juger l'Église d'un seul point de vue humain. Certes, les scandales qui affligent l'Église – pas uniquement ceux du clergé, ceux des laïcs aussi – peuvent ébranler la foi de plusieurs, mais il ne faudrait pas oublier que si l'Église existe toujours, malgré les scandales, c'est qu'elle n'est pas que l'œuvre des humains. Elle est aussi et surtout l'œuvre de Dieu qui l'habite toujours et agit toujours en elle. Va-t-on se priver des dons inestimables

---

27. Vatican II, *Constitution sur l'Église*, n° 8.

que Dieu met à notre portée par l'intermédiaire de son Église à cause du comportement des humains qui la constituent? Ce serait une erreur funeste.

Oui, Dieu, Père, Fils et Esprit, habite l'Église. Le *Catéchisme de l'Église catholique* le rappelle: «Pour scruter le mystère de l'Église, il convient de méditer d'abord son origine dans le dessein de la Très Sainte Trinité et sa réalisation progressive dans l'histoire[28].»

Voilà à quoi je vous invite. L'Église a été voulue par le Père. Elle a été fondée par le Fils qui a voulu s'adjoindre des apôtres, pour en être le fondement visible. Dès le début, elle a été sanctifiée par l'Esprit Saint. On oublie trop le rôle de l'Esprit Saint dans l'Église. Dieu n'agit jamais sans l'Esprit. Il est la force de Dieu mise à la disposition des humains dans la Parole de Dieu, dans les sacrements, dans ses ministres, lorsqu'ils agissent *«in persona Christi»*, comme à l'eucharistie... Y pensons-nous lorsque nous parlons de l'Église, lorsque nous la jugeons, lorsque nous la critiquons négativement?

Nous pouvons donner une première définition de l'Église: elle est la «demeure de Dieu», Père, Fils et Esprit Saint. Elle porte Dieu en elle et Dieu, ne l'oublions pas, est Amour. Si l'Église est pleine de Dieu, elle est aussi pleine d'amour, et Dieu, parce qu'il nous aime, se sert d'elle pour nous sauver. Voilà pourquoi nous disons que l'Église est une manifestation de l'amour de Dieu pour nous.

Mais l'Église comporte aussi un élément humain. Ce sont tous ceux et celles qui ont la foi, qui

---

28. *Op. cit.*, n° 758, p. 166.

ont été baptisés. Voilà pourquoi le concile Vatican II a privilégié l'expression: «Église, peuple de Dieu». Dans ce peuple, tous les membres sont fondamentalement égaux. Le concile a voulu réagir contre une image, une définition de l'Église-pyramide: au sommet, le pape, puis les évêques, le clergé, les religieux et religieuses, enfin à la base, les laïcs. Plus on était placé au bas de la pyramide, moins on avait de voix et de responsabilités dans l'Église. Au concile Vatican II, l'évêque de Bruges, Mgr de Smedt, a fait sensation en déclarant: «L'Église n'est pas une pyramide composée de fidèles, de prêtres, d'évêques et du pape. Elle est essentiellement "peuple de Dieu", donc chaque membre porte en lui les droits et les devoirs de tout le Corps mystique.»

Cette définition a eu un écho considérable; elle revendiquait l'égalité foncière de tous les membres de l'Église. Dans l'Église, il n'y a pas de «super-membres», de «super-chrétiens», parce qu'il n'y a pas de «super-baptême». Et, je viens de le dire, c'est le baptême, le même pour tous, qui nous fait membres de l'Église. La grandeur suprême de tous les chrétiens vient du fait que nous sommes fils et filles de Dieu et non du poste que nous occupons.

Cette définition est aussi populaire parce qu'elle rappelle une vérité qu'il est absolument nécessaire de comprendre pour que l'Église remplisse pleinement sa mission. Tous les membres de l'Église sont tous responsables de sa mission. Fini le temps où l'on pensait que seul le clergé, du pape au plus jeune vicaire, était responsable de la mission de l'Église. Fini le temps où le curé était le seul responsable de la paroisse, où l'unique participation des laïcs consistait à écouter le curé et à donner à la quête. Finie l'ère des chrétiens «consommateurs».

J'exagère peut-être, mais bien peu. L'Église ne pourra plus se permettre d'être une Église «cléricale». Elle doit être «peuple de Dieu en marche», ce qui exige la collaboration de tous. Les tâches sont diverses, les dons et les talents sont divers, mais la responsabilité de la mission repose sur les épaules de tous et de toutes, compte tenu des talents, capacités, disponibilités et âges.

Il y a bien d'autres définitions possibles de l'Église: Corps mystique du Christ, Sacrement du Christ, communion, famille de Dieu... Une explication de ces définitions dépasserait d'emblée les cadres de cette réflexion. J'en ai assez dit, je pense, pour faire mieux comprendre la grandeur et la profondeur de l'amour de Dieu manifesté dans sa présence au milieu de nous, afin de nous associer à son œuvre de salut pour le monde. La vocation chrétienne est peut-être difficile, surtout aujourd'hui, mais comme elle est belle et grande! Où trouver ailleurs une plus exaltante raison de vivre?

Un passage du livre du père Voillaume, *Laissez là vos filets*, résume bien mes propos:

> Jésus [...] a fondé l'Église telle qu'elle nous apparaît dans l'histoire. C'est une société totalement humaine, mais qui est accompagnée dans sa vie et sa croissance par la toute-puissance de l'Esprit... de telle manière que malgré les faiblesses humaines et même les fautes et les erreurs de ses pasteurs, cette Église demeure capable de prolonger et de contenir l'action du Christ. Une telle œuvre est infiniment plus divine, en la puissance qu'elle suppose, que celle qui consisterait à refaire l'humanité autrement qu'elle n'est sortie des mains du Créateur[29].

---

29. René Voillaume, *Laissez là vos filets*, Paris, Cerf, 1975, p. 146.

L'Église a continué à porter son témoignage devant le monde tout au long de son histoire. Composée d'humains, elle apparaît cependant animée d'une vie plus qu'humaine. Malgré les défaillances de ses membres, elle reste sainte, ayant en elle tous les moyens de sanctification que Jésus lui a confiés par l'Esprit. C'est tout cela qu'il faut voir dans l'Église.

La mission de l'Église

Quelle est la mission de l'Église? C'est la mission même de Jésus, évangéliser, sanctifier, assurer le service de l'autorité: «Allez dans le monde entier, proclamez l'Évangile à toute la création. Celui qui croira et sera baptisé, sera sauvé; celui qui ne croira pas, sera condamné.» (Mc 16, 15-16)

Quel est le rôle propre des laïcs dans l'Église? Le concile Vatican II répond ainsi à la question:

Le temporel est un domaine propre aux laïcs et qui les caractérise [...]. De par leur vocation propre, il revient aux laïcs de chercher le royaume de Dieu en administrant les choses temporelles et en les ordonnant selon Dieu. Ceux-ci vivent dans le siècle, engagés dans toutes et chacune des affaires du monde, plongés dans l'ambiance où se meuvent la vie de famille et la vie sociale dont leur existence est comme tissée. C'est là qu'ils sont appelés par Dieu, jouant ainsi le rôle qui leur est propre et guidés par l'esprit évangélique, à travailler comme de l'intérieur, à la manière d'un ferment, à la sanctification du monde et à manifester ainsi le Christ aux autres, principalement par le témoignage de leur propre vie, par le rayonnement de leur foi, de leur espérance et de leur charité. C'est à eux qu'il revient particulièrement d'illuminer et d'ordonner toutes les choses temporelles, auxquelles ils sont étroitement liés, en sorte qu'elles soient toujours accomplies selon le Christ, qu'elles croissent et soient à la louange du Créateur et Rédempteur[30]».

Mais les laïcs ont aussi un rôle à jouer en dehors du secteur temporel, au sein de leur communauté paroissiale et de leur Église diocésaine. C'est d'ailleurs le secteur dans lequel les laïcs se sont davantage engagés depuis le concile Vatican II. Des conseils et des comités ont été mis sur pied pour l'administration des paroisses et des diocèses, pour l'organisation de la pastorale, de la liturgie, de l'éducation catholique... D'autres ont été nommés ministres de la communion, lecteurs et lectrices, préposés à l'accueil, etc. Peu à peu, les laïcs apprennent à parler et le clergé, à écouter. On peut prévoir que ce phénomène va continuer à se développer, à tous les niveaux, au cours des prochaines années. Les laïcs ont donc à œuvrer dans l'Église. Que seraient nos communautés chrétiennes, nos diocèses, sans la collaboration des laïcs? Il fut un temps, heureusement révolu, où les prêtres, nombreux, assumaient seuls la plupart de ces tâches.

Cela dit, il est évident que les laïcs doivent être la «lumière du monde», le «sel de la terre», dans les milieux où ils vivent. La famille, les milieux de travail, de loisir, des affaires, de la politique, sont autant de chantiers où les laïcs sont les témoins du Christ, les évangélisateurs. Cette tâche est aussi difficile qu'elle est importante dans un monde de plus en plus vide de Dieu. Que l'on songe à l'effondrement des familles, à la pauvreté, à la dégradation des mœurs... Il est donc urgent de prendre

---

30. Vatican II, *Constitution sur l'Église*, n° 31.

conscience que nous sommes entrés dans l'ère des évangélisateurs laïcs. Et si les laïcs n'assument pas leurs responsabilités en ce domaine, l'œuvre que le concile Vatican II leur a proposée, sous l'impulsion de l'Esprit Saint, sera compromise. Comment rendre le christianisme crédible si les chrétiens demeurent inactifs, alors que la majeure partie de la famille humaine vit dans l'angoisse, la misère, l'insécurité, que l'industrialisation pollue l'air que nous respirons et l'eau que nous buvons, que des millions d'enfants n'ont pas accès à l'école, que des régimes oppressifs violent les droits les plus fondamentaux des citoyens? Le pape Jean-Paul II écrit:

> Le fidèle laïc n'a pas le droit de se renfermer sur lui-même, en s'isolant spirituellement de la communauté, mais il doit vivre en partage continuel avec les autres, dans un sens très vif de la fraternité, dans la joie d'une égale dignité et dans l'intention de faire fructifier avec les autres l'immense trésor reçu en héritage [...]. Ainsi, par l'effusion du baptême et de la confirmation, le baptisé participe à la mission même du Christ, Messie et Sauveur[31].

Le Christ nous a donné un exemple de l'importance de cette mission dans la parabole du jugement dernier: «Venez, les bénis de mon Père, recevez en partage le Royaume qui a été préparé pour vous depuis la fondation du monde. Car j'ai eu faim et vous m'avez donné à manger; j'ai eu soif et vous m'avez donné à boire, nu, et vous m'avez vêtu...» (Mt 25, 34-37) Une lutte implacable contre l'injustice devrait être une obligation inculquée à tous les chrétiens.

---

31. Jean-Paul II, *Exhortation apostolique sur la vocation et la mission des laïcs dans l'Église et dans le monde*, 1988, p. 55.

La charité qui est au cœur du message chrétien et qui résume tout l'enseignement du Christ serait une illusion si elle ne s'étendait pas à la qualité de vie des peuples pauvres ou ne prenait pas sa part des projets de société élaborés par ceux et celles qui voient le visage du Christ dans les autres.

Oui, la tâche des laïcs dans le domaine temporel est grande, difficile et belle. Et, Dieu merci, beaucoup de laïcs l'ont aujourd'hui compris. Ils ne sont pas les seuls à œuvrer dans ce domaine, mais en raison de leur foi, ils donnent à leur travail une dimension que ne connaissent pas ceux qui ne sont pas chrétiens: la fraternité en Jésus Christ, l'identification du Christ avec les pauvres: «Ce que vous faites au moindre des miens, c'est à moi que vous le faites.»

De quels moyens les laïcs disposent-ils pour accomplir une telle tâche? Leur foi en Dieu, la lumière de la Parole de Dieu, la force des sacrements, le témoignage et la prière, la leur et celle de toute leur Église, en un mot leur union vitale au Christ: «Celui qui demeure en moi, et moi en lui, porte beaucoup de fruit; car hors moi vous ne pouvez rien faire.» (Jn 15, 5)

Bien sûr, il y a des persécutions en certains pays, en dépit des efforts déployés par tant d'organismes à travers le monde pour assurer la liberté religieuse et les droits fondamentaux de la personne. La volonté de contrôler les rapports qu'une personne veut établir avec son Dieu, selon sa conscience, est une action révoltante. Mais ces rapports doivent avoir lieu dans l'ordre et le respect du bien commun bien interprété. Or, bien des pays veulent museler l'Église au nom de la «sécurité nationale», alors que cette sécurité nationale sert à maintenir au pouvoir des individus ou des gouvernements qui ne respectent pas eux-mêmes leurs objectifs ou les promeuvent par des moyens condamnables. Quand je parle de rapport avec Dieu selon sa conscience, je ne parle évidemment pas du «fanatisme religieux», à la Khomeiny, qui voudrait détruire tous ceux qui ne pratiquent pas la même religion.

D'où viennent les plus grandes souffrances de l'Église d'aujourd'hui? D'un peu partout, bien sûr, mais surtout, à mon avis, des chrétiens et des chrétiennes qui, pour la conduite de leur vie, sont davantage guidés par «l'esprit du monde» que par l'esprit de l'Évangile. Cette orientation les porte à récuser l'enseignement de l'Église et même à lui reprocher de ne pas s'ouvrir au monde, en ne suivant pas son évolution. Elle devrait, selon eux, accepter la permissivité sexuelle, l'avortement, la contraception, l'euthanasie, l'homosexualité, etc.

Où conduit ce rejet de l'enseignement de l'Église? À l'exaltation indue de la conscience individuelle. Bien sûr, la conscience individuelle est la norme suprême de la conduite personnelle, à condition qu'elle soit éclairée par l'Évangile, la Tradition et l'enseignement de l'Église. Dieu ne peut pas se contredire. Si la conscience est la voix de Dieu en nous, cette voix ne saurait contredire l'Évangile qui est aussi Parole de Dieu et de l'Église, chargée par Jésus de l'interpréter. C'est la Parole de Dieu qui est le fondement de la vie, de la mission de l'Église et le guide de la conscience individuelle. Ceux et celles qui se réclament de leur conscience doivent se demander si elle est conforme à la Parole de Dieu.

Le pape Paul VI, que l'on ne saurait classer parmi les «conservateurs», expression mise à toutes les sauces, hélas, disait dans l'encyclique *Ecclesiam suam*:

> Les esprits des hommes qui se confient à l'Église sont fortement influencés par le climat du monde temporel; si bien qu'un danger de vertige, d'étourdissement, d'égarement, peut secouer sa solidité elle-même et induire beaucoup de gens à accueillir les manières de penser les plus étranges, comme si l'Église devait se désavouer elle-même et adopter des manières de vivre toutes nouvelles et jamais conçues jusqu'ici[32].

La grande souffrance de l'Église, aujourd'hui, vient de l'intérieur. Cet avertissement d'un homme chargé, avec l'aide de l'Esprit Saint, de confirmer ses frères et sœurs dans la foi devrait faire réfléchir sérieusement toute personne qui prétend avoir la foi. Selon le pape Paul VI, ce sont les fondements mêmes de l'Église qui sont en cause. Il serait difficile de concevoir une vie de foi authentique qui ne tiendrait pas compte d'un tel avertissement. L'Église est notre Mère, elle est don de Dieu et moyen de salut. «Je m'arrange directement avec Dieu, je n'ai pas besoin de l'Église», me disait un jour un diocésain. Se doutait-il qu'en disant cela, il niait un article du credo chrétien: «Je crois en Dieu... en Jésus Christ... au Saint Esprit... à l'Église catholique...» Savait-il que le Christ a dit: «Croyez-moi, je suis dans le Père et le Père est en moi; et si vous ne croyez pas en ma parole, croyez au moins à cause de mes œuvres.» (Jn 14, 11) L'une de ses œuvres n'est-elle pas l'Église?

Le *Catéchisme de l'Église catholique* résume tout notre propos sur la nécessité de l'Église pour le salut:

---

32. Paul VI, *Ecclesiam suam*, n° 26.

«Appuyé sur la Sainte Écriture et sur la Tradition, le Concile enseigne que cette Église en marche sur la terre est nécessaire au salut. Seul, en effet, le Christ est médiateur et voie de salut: or, Il nous devient présent en son Corps qui est l'Église; et en nous enseignant expressément la nécessité de la foi et du Baptême, c'est la nécessité de l'Église elle-même, dans laquelle les hommes entrent par la porte du Baptême, qu'Il nous a confirmé en même temps. C'est pourquoi ceux qui refuseraient soit d'entrer dans l'Église catholique, soit d'y persévérer, alors qu'ils la sauraient fondée de Dieu par Jésus Christ comme nécessaire, ceux-là ne pourraient être sauvés.» (*Lumen Gentium* 14)

Cette affirmation ne vise pas ceux qui, sans qu'il aille de leur faute, ignorent le Christ et son Église: «En effet, ceux qui, sans faute de leur part, ignorent l'Évangile du Christ et son Église, mais cherchent pourtant Dieu d'un cœur sincère et s'efforcent, sous l'influence de sa grâce, d'agir de façon à accomplir sa volonté telle que leur conscience la leur révèle et la leur dicte, ceux-là peuvent arriver au salut éternel.» (*Lumen Gentium* 16)

«Bien que Dieu puisse par des voies connues de Lui seul amener à la foi "sans laquelle il est impossible de plaire à Dieu" (He 11,6) des hommes qui sans faute de leur part, ignorent l'Évangile, l'Église a le devoir en même temps que le droit sacré d'évangéliser» (*Ad Gentes* 7) tous les hommes[33].

> *Nous te rendons grâce, Seigneur Jésus,*
> *de nous avoir rassemblés dans ton Église*
> *et nous te prions pour toutes les Églises*
> *qui se réclament de Toi. Qu'en célébrant*
> *enfin ensemble le mystère de ton Corps*
> *et de ton Sang, elles ne forment*
> *qu'un seul corps unifié par ton Esprit. Amen.*

---

33. *Op. cit.*, n° 846-848, p. 186.

Troisième partie

Chapitre 6

Parce qu'il nous aime, Dieu fait de nous ses enfants

«Voyez quelle manifestation d'amour
le Père nous a donnée pour que
nous soyons appelés enfants de Dieu.
Et nous le sommes.»
Première épître de saint Jean 3, 1

Introduction aux sacrements

Dans notre recherche de ce qui est essentiel à la vie de foi et qui est en même temps preuve de l'amour de Dieu pour nous, nous arrivons à un point central de la doctrine chrétienne: les sacrements qui nous sont donnés par l'intermédiaire de l'Église.

Qu'est-ce qu'un sacrement? On connaît la définition du catéchisme de mon enfance: «Le sacrement est un signe sensible institué par Jésus Christ pour nous donner la grâce.» Le concile Vatican II a donné au mot «sacrement» une signification plus large en disant que les sacrements ont pour fin de sanctifier les croyants et croyantes, d'édifier le corps du Christ, enfin, de rendre le culte à Dieu. Ainsi définis, les sacrements ne sont pas uniquement considérés comme des moyens de sanctification personnelle, mais aussi comme des aides pour agir dans l'Église et dans le monde. «Ils mettent en lumière que nous ne sommes pas membres de l'Église pour notre seul salut individuel, mais bien pour participer à l'œuvre salvatrice de Dieu, dans le Christ, par l'Église[34].»

En termes simples, disons qu'un sacrement est le moyen choisi par Dieu pour s'unir à nous, venir nous rencontrer là où nous sommes et nous aider à vivre comme des disciples du Christ. Cette action est invisible, c'est pourquoi elle a été confiée à l'Église, pour être accomplie par un ministre, avec des signes ou symboles visibles, des gestes et des paroles qui réalisent ce qu'ils signifient. Il est donc important, pour ceux et celles qui reçoivent les sacrements et pour les parents qui les demandent pour leur enfant, de comprendre les signes de l'action de l'Esprit, afin de savoir ce qu'ils demandent et ce à quoi ils s'engagent. Dans l'Eucharistie, par exemple, les symboles sont le pain et le vin, devenus corps et sang du Christ, par les paroles des ministres agissant comme instruments du Christ. Ainsi se manifeste la signification de ce sacrement: nourrir la nouvelle vie reçue au baptême et développer les dons qui l'accompagnent, comme nous le ver-

34. Richard P. McBrien, *Être catholique*, Paris/Montréal, Centurion/Novalis, 1984, vol. 2, p. 194.

rons plus en détails lorsque nous parlerons de l'Eucharistie.

Bien entendu, les sacrements exigent la foi de la part de ceux et celles qui y participent. Sans la foi, les paroles, les gestes, les signes et les symboles perdent tout sens et deviennent des gestes sans effet. L'Église a toujours enseigné que les sacrements doivent se vivre à l'intérieur de la foi.

Nous parlerons plus loin de la foi, mais je ne peux m'empêcher de dire ici que cette exigence de la foi pour recevoir un sacrement inquiète bien des prêtres. Il arrive que des fiancés s'adressent à l'Église au moment de leur mariage. Le prêtre ne les a jamais vus à l'église, ne les connaît pas. Ont-ils la foi? Cèdent-ils à des pressions familiales? Font-ils simplement «comme tout le monde»? Voilà pourquoi l'on exige maintenant, un peu partout, une évangélisation préalable qui éclaire ceux et celles qui vont recevoir un sacrement. Ils seront ainsi en mesure de le comprendre, de le vivre, de le traduire dans la réalité. La célébration d'un sacrement est un acte officiel de l'Église. C'est à elle d'en fixer la discipline.

Je ne peux parler ici des sept sacrements. Je m'en tiendrai aux quatre premiers: le baptême et la confirmation, que j'examinerai dans le même chapitre, puis l'eucharistie et la réconciliation.

Le baptême

Le premier sacrement que l'on reçoit est le baptême, porte de tous les autres sacrements. Qu'arrive-t-il lorsqu'une personne est baptisée? Pour tenter de le saisir, retrouvons dans *L'Évangile selon saint Jean*, la rencontre entre Jésus et Nicodème:

L'entrée dans une vie nouvelle

Or, il y avait parmi les Pharisiens un homme du nom de Nicodème, un notable des Juifs. Il vint de nuit trouver Jésus et lui dit: «Rabbi, nous le savons, tu viens de la part de Dieu comme un Maître: personne ne peut faire les signes que tu fais, si Dieu n'est pas avec lui.» Jésus lui répondit:

«En vérité, en vérité, je te le dis, à moins de naître d'en haut, nul ne peut voir le Royaume de Dieu.»

Nicodème lui dit: «Comment un homme peut-il naître, étant vieux? Peut-il une seconde fois entrer dans le sein de sa mère et naître?» Jésus répondit: «En vérité, en vérité, je te le dis, à moins de naître d'eau et d'Esprit, nul ne peut entrer dans le Royaume de Dieu. Ce qui est né de la chair est chair, ce qui est né de l'Esprit est esprit.» (Jn 3, 1-6)

Le baptême est donc «une naissance dans l'Esprit», grâce à la mort et à la résurrection du Christ. Naître, c'est commencer à exister. Cette nouvelle vie est la vie même de Dieu. Il s'agit là d'une véritable renaissance, d'un changement radical dans la vie d'une personne, d'un acte définitif. Par le don de la nouvelle naissance, la vie éternelle commence. Lorsque la vie humaine finira, la vie reçue au baptême continuera. C'est la «vraie vie» qui fait de nous la demeure de Dieu: «Ne savez-vous pas que vous êtes un temple de Dieu, et que l'esprit de Dieu habite en vous? Si quelqu'un détruit le temple de Dieu, celui-là, Dieu le détruira, car le temple de Dieu est sacré, et ce temple c'est vous.» (1 Co 3, 16-17)

Cette présence divine en nous devrait marquer nos relations avec les autres. Un jour, Mère Teresa amène une nouvelle recrue à la messe. Toutes les deux communient. Après la messe, Mère Teresa parle à la jeune fille du Christ qu'elles viennent de recevoir. Et elle ajoute: «C'est ce même Jésus que vous allez trouver au foyer des mourants, dans le corps des pauvres.» Trois heures plus tard, Mère Teresa rencontre de nouveau la jeune fille pour l'heure de prière devant l'eucharistie. «Jamais, dit-elle, je n'ai vu pareil sourire!» La jeune fille lui dit: «Quand je suis arrivée au foyer des mourants, on apportait un homme qui était tombé dans un égout. Il était couvert de blessures, d'ordures et de vers. Je l'ai nettoyé et soigné. Pendant trois heures, j'ai touché le Corps du Christ.» Allez raconter cela à ceux et celles qui prétendent que la foi ne sert à rien!

Le pardon du péché

Comme Dieu et le péché ne peuvent cohabiter, par le don de Dieu au baptême, le péché originel et les péchés personnels (s'il s'agit du baptême d'un adulte) sont effacés, lavés. Celui qui habite maintenant dans la personne baptisée est celui «qui enlève le péché du monde», comme nous le disons à l'eucharistie. Pierre l'affirmait dans son discours à la Pentecôte: «Que chacun de vous reçoive le baptême, au nom de Jésus Christ, pour le pardon de ses péchés et vous recevrez le don de l'Esprit Saint.» (Ac 2, 38)

Fallait-il que Dieu nous aime pour s'unir à nous de cette façon! Nous sommes appelés à ne faire qu'un avec le Christ, Fils bien-aimé du Père, au point qu'il dira: «Ce que vous faites au moindre des miens c'est à moi que vous le faites.» Nos actions prennent alors une nouvelle dimension, acquièrent une nouvelle valeur. Tout ce que nous faisons, nous le faisons avec l'Esprit Saint qui est en nous: «Puisque l'Esprit Saint est en votre vie, qu'il vous fasse agir», dit saint Paul dans sa *Lettre aux Galates* (5, 25).

Il n'agit pas à notre place, il ne nous force pas, il respecte notre liberté, mais il nous inspire, nous éclaire et nous aide à faire le bien. Quelle merveille! D'innombrables chrétiens et chrétiennes seraient tout différents s'ils prenaient conscience de la puissance de la vie qu'ils ont reçue. Le Christ s'est emparé d'eux et d'elles. Il veut les aider dans leurs combats. La vie divine ne se vit donc pas en marge de la vie humaine, elle l'assume, elle l'imprègne, elle en fait une «vie chrétienne».

Les théologiens ont employé diverses expressions pour décrire le chrétien, mais elles se recoupent toutes. Richard P. McBrien le définit ainsi:

> Le chrétien est celui qui croit en Jésus Christ et dont toute la vie est modelée par cette croyance[35].

Philippe Farley, lui, donne cette définition:

> Un homme devient chrétien quand il accepte Jésus vivant, présent au plus intime de sa vie et de la vie de ce monde. Et cette acceptation de Jésus [...] n'est possible que grâce au don de l'Esprit[36].

Le manuel de la foi, publié par l'Association des catéchistes allemands, décrit le chrétien comme

> [...] quelqu'un qui organise sa vie d'après Jésus, qui vit à la suite de Jésus[37].

On pourrait ajouter: c'est le baptême qui fait le chrétien, en faisant entrer Jésus dans sa vie, avec l'aide de l'Esprit. Il est toujours bon de savoir qui on

---

35. *Idem*, p. 411.

36. Philippe Farley, *Abrégé de la foi catholique*, Paris, Desclée, 1986, p. 11.

37. Association des catéchismes allemands, *Le manuel de la foi*, Paris, Cerf, 1989, p. 52.

est. Voilà pourquoi j'ai essayé de dire, avec l'aide de quelques écrivains, ce qu'est un chrétien.

Le don des vertus

La vie ne vient jamais sans apporter avec elle des dons, des talents, des capacités. Aucun être humain ne naît sans recevoir en même temps des dispositions qu'il essaiera de développer pendant des années et de mettre au service des autres. Si notre monde a connu des progrès sans précédent, au cours des dernières décennies, c'est parce que des hommes et des femmes ont réussi à développer leurs talents, reçus en germe avec la vie. De même, c'est dans le succès des enfants que les parents trouvent le bonheur.

Il en est ainsi de la vie divine reçue au baptême. Elle apporte avec elle des capacités, que l'on appelle «vertus», c'est-à-dire des forces ou des charismes, ces dons particuliers conférés par la grâce divine. Trois de ces vertus sont données pour nous aider à vivre en profondeur notre union à Dieu: la foi, l'espérance et la charité. On les appelle «théologales», parce qu'elles ont Dieu comme objet. Quatre autres vertus sont données pour nous aider dans nos relations avec les personnes. Ce sont les vertus de prudence, de tempérance, de force et de justice. On les appelle «morales» ou «cardinales», car elles ont pour but d'orienter nos actes. Il y a aussi les dons et les fruits de l'Esprit Saint dont nous parlerons plus loin.

Ces vertus, reçues en germe lors de notre nouvelle naissance, se développent tout au long de la vie. Elles ont besoin d'être nourries par des actes et par les autres sacrements, surtout celui de l'eucharistie. Voilà donc ce qui arrive lorsque nous sommes baptisés. Mais ces premiers effets du baptême ont bien d'autre conséquences dans la vie d'un chrétien et d'une chrétienne.

L'entrée dans la famille de Dieu

Quel était le plan de Dieu en créant Adam et Ève? Nouer une relation d'amour avec l'être humain: «Dieu créa l'homme à son image, à l'image de Dieu il les créa. Dieu les bénit et leur dit: "Soyez féconds, multipliez, emplissez la terre.» (Gn 1, 27-28) Malheureusement, le péché brisa le lien qui unissait le premier couple à Dieu. Le Christ le restaura, de sorte que, des siècles plus tard, l'apôtre Paul pouvait écrire aux Éphésiens: «Ainsi donc, vous n'êtes plus des étrangers ni des hôtes: vous êtes concitoyens des saints, vous êtes de la maison de Dieu.» (Ép 2, 19)

Au baptême, ce lien de vie et d'amour unit les humains à Dieu et les uns aux autres. Par le baptême, nous devenons une seule famille de frères et de sœurs, quels que soient notre nationalité, notre culture, nos ressources, la couleur de notre peau. Si jamais cette fraternité voulue par Dieu devenait réalité, les humains vivraient en paix. Plus de guerres, plus de meurtres, plus de pauvres, etc. Quel beau monde serait le nôtre! Il n'y aura de paix et de bonheur qu'à l'intérieur du plan de Dieu pour le monde. Et c'est pour réaliser cette fraternité universelle que Dieu a voulu faire de nous des «coopérateurs» de son œuvre. «Car nous sommes les coopérateurs du Dieu...» (1 Co 3, 9)

Les papes ont beaucoup insisté sur l'importance de l'unité entre chrétiens. Je cite notamment Paul VI:

Nous voudrions insister sur le signe de l'unité entre tous les chrétiens comme voie et instrument d'évangélisation. La division des chrétiens est un grave état de fait qui parvient à entacher l'œuvre même du Christ[38].

«La division des chrétiens nuit à la cause sacrée de la prédication à toute créature et, pour beaucoup, elle ferme l'accès à la foi» affirme le concile Vatican II[39].

Oui, nous sommes fils et filles de Dieu, frères et sœurs en Jésus Christ. Nous sommes de la famille de Dieu. En sommes-nous vraiment conscients? Tant de gens sont fiers d'appartenir à des familles nobles ou de grande renommée. Qu'est-ce que cela à côté de la famille de Dieu? Quand les baptisés auront retrouvé leur fierté d'être chrétiens et vivront comme les premiers chrétiens, les autres se joindront à eux comme ils le faisaient au début de l'Église. Gandhi ne disait-il pas: «J'aime le Christ, mais je n'aime pas les chrétiens. Ils ressemblent trop peu au Christ.»

Laissez-moi raconter un fait. Après la Première Guerre mondiale, un officier de l'armée autrichienne se rendit dans une ville d'Allemagne renommée pour ses bains de santé. Parce qu'il semblait à un pas de la mort, plusieurs hôtels refusèrent de l'admettre. Fatigué et déçu, il arriva au dernier hôtel pour s'entendre dire qu'il n'y avait pas de place. Dans le foyer de l'hôtel, était assis un homme qui fut témoin de la requête et du refus. Il

---

38. Paul VI, *Exhortation apostolique sur l'Évangélisation dans le monde moderne*, n° 77, p. 106.
39. Vatican II, *Décret sur l'activité missionnaire*, n° 6.

s'apitoya sur la misérable condition du soldat. Il se dirigea vers le préposé à la réception et déclara: «Je suis un parent de cet officier. Je vais partager ma chambre avec lui. Il peut coucher sur le lit; je coucherai sur le plancher.» La direction de l'hôtel pouvait difficilement refuser et ainsi on conduisit l'homme malade à la chambre de son nouvel ami. Une fois installé, le malade demanda avec étonnement: «Puis-je savoir votre nom? Et comment sommes-nous parents?» «Je suis parent avec vous en Jésus Christ, répliqua son Bon Samaritain, vous êtes mon frère. Notre Seigneur nous a dit que nous sommes tous des enfants du Père et que nous sommes tous des frères.» En aurions-nous fait autant?

L'entrée dans l'Église

Par le baptême, enfin, nous entrons dans l'Église. C'est une autre façon de dire que nous entrons dans la famille de Dieu, que nous devenons membres à part entière du peuple de Dieu. Nous faisons partie du Corps du Christ, comme nous l'avons rappelé en parlant de l'Église. Voilà ce que Jésus fait pour nous, par l'intermédiaire de l'Église, en se donnant à nous dans le baptême. L'amour appelle la présence. Il nous est présent d'une présence unique. Ne l'oublions jamais.

La confirmation

La confirmation est la confirmation du baptême. Les deux sacrements sont tellement liés qu'à l'origine on ne les séparait pas. La confirmation reprend des signes du baptême comme la profession de foi et l'onction. Elle est donc l'occasion, pour les jeunes, d'assumer d'une façon consciente les responsabilités qui découlent du baptême reçu dans leur enfance. Cependant, il n'est pas question de refaire le baptême parce qu'il serait incomplet. Les deux sacrements sont distincts, mais le second vient confirmer le premier. Le concile Vatican II l'affirme clairement:

> Par ce sacrement, le lien entre le confirmé et l'Église est rendu plus parfait, le confirmé est enrichi d'une force spéciale de l'Esprit Saint et obligé ainsi plus strictement tout à la fois à répondre et à défendre la foi par la parole et par l'action en vrais disciples du Christ[40].

> Quels sont les effets de la confirmation? Elle

- nous unit plus fermement au Christ;
- augmente en nous les dons de l'Esprit;
- rend notre lien avec l'Église plus parfait;
- nous accorde une force spéciale de l'Esprit Saint pour répandre et
- défendre la foi par la parole et par l'action en vrais témoins du Christ[41]...

C'est à cause du lien essentiel qui unit les deux sacrements que je les unis aussi dans ma présentation.

Voilà donc une autre preuve de l'amour de Dieu pour nous, une autre vérité fondamentale dans une vie de foi. Saint Louis de France signait ses lettres et documents: «Louis de Poissy, roi de France». Un ami lui demanda pourquoi il signait ainsi. «C'est à Reims que vous avez été couronné roi. Pourquoi pas Louis de Reims?» «C'est vrai, répondit le roi, c'est à

---

40. Vatican II, *Lumen Gentium*, n° 11.
41. *Catéchisme de l'Église catholique*, n° 1303, p. 281.

Reims que j'ai été couronné roi, mais c'est à Poissy que j'ai été baptisé et c'est là, pour moi, un événement plus important que le couronnement d'un roi.» Oui, la participation à la vie divine, la communion avec Dieu, est la valeur suprême. L'humanité a été créée pour la possession de Dieu dans l'amour et c'est dans cette communion avec Dieu que les humains atteignent leur plein développement.

Ô Jésus Christ, Fils de Dieu et frère des humains, aide-nous à porter nos détresses et celles de nos frères et sœurs comme tu as porté les nôtres sur le chemin de la croix. Amen.

Chapitre 7

Parce qu'il nous aime, Dieu nous nourrit

«Ma chair est vraiment une nourriture
et mon sang est vraiment une boisson.»
Évangile selon saint Jean 6, 55

Des parents ne se contentent pas de donner la vie à leurs enfants, ils les nourrissent afin qu'ils puissent se développer normalement.

Parce que Dieu nous aime, il fait la même chose. Aussi invraisemblable que cela puisse paraître, la nourriture qu'il nous donne pour nous aider à grandir et à devenir des adultes dans la foi, c'est le corps et le sang de son Fils, le sacrement de l'eucharistie. Nous allons maintenant méditer sur ce don inestimable.

Il est difficile, sinon impossible, de rendre compte de la richesse de l'eucharistie dans une seule instruction. Je me contenterai donc de proposer une méditation en trois points:

- la promesse de l'eucharistie;
- l'institution de l'eucharistie;
- l'importance de l'eucharistie dans une vie de foi.

De plus, la messe se compose de deux parties: la liturgie de la Parole et la liturgie eucharistique proprement dite. La table de la parole et la table du pain et du vin, comme on les appelle aujourd'hui. En effet, la Parole de Dieu est aussi une nourriture, Jésus l'a affirmé à plusieurs reprises: «L'homme ne vit pas seulement de pain, mais de toute parole qui sort de la bouche de Dieu.» (Mt 4, 4) «En vérité, en vérité, je vous le dis, celui qui écoute ma parole et croit en celui qui m'a envoyé a la vie éternelle.» (Jn 5, 24).

J'ai déjà traité de l'importance de cette Parole dont l'Église est la gardienne, je me contenterai de ne parler ici que de la table du pain et du vin.

La promesse de l'eucharistie

C'était après la multiplication des pains. La foule avait suivi Jésus jusqu'à Capharnaüm. Arrivé là, Jésus leur dit:

En vérité, en vérité, je vous le dis, vous me cherchez, non parce que vous avez vu des signes, mais parce que vous avez mangé du pain et avez été rassasiés. Travaillez, non pour la nourriture qui se perd, mais pour la nourriture qui demeure en vie éternelle, celle que vous donnera le Fils de l'homme.» La foule, qui croyait sans doute que Jésus allait faire un autre miracle, lui dit: «Donne-nous toujours de ce pain là.» Et Jésus eut cette très étrange réponse: «Je suis le pain de vie [...]. Je suis le pain vivant, descendu du ciel. Qui mangera de ce pain vivra à jamais. Et le pain que je donnerai, c'est ma chair pour la vie du monde [...]. Qui mange ma chair et boit mon sang a la vie éternelle.» (Jn 6, 26-53)

Voilà l'une des plus belles pages de l'évangile. Quel beau souvenir de famille! Les parents devraient raconter cette histoire à leurs enfants. Et pourtant, mettez-vous à la place des témoins de la scène. Un homme qui fait et dit de belles choses, soit, qui inspire confiance, oui. Que cet homme propose de manger sa chair et de boire son sang, cela dépasse l'entendement! Aussi, plusieurs disciples le quittèrent. Alors Jésus se tourna vers Pierre et lui dit: «Voulez-vous partir vous aussi?» Il était prêt à laisser aller ceux sur qui il comptait pour continuer son œuvre, ceux sur qui il voulait fonder son Église, plutôt que de changer un iota dans ces paroles. Pour garder, pour développer la vie divine reçue au baptême, il est indispensable de manger la chair et de boire le sang du Fils de Dieu, de participer à l'eucharistie. Qu'en pensent les baptisés qui ne viennent plus à l'église ou qui n'y viennent que deux ou trois fois l'an?

L'institution de l'eucharistie

Ce n'était pourtant là qu'une promesse. Jésus la réalisera avant de mourir, lors du dernier repas avec ses apôtres. Voici comment l'apôtre Matthieu raconte l'événement:

Or, tandis qu'ils mangeaient, Jésus prit le pain, le bénit, le rompit et le donna à ses disciples en disant: «Prenez et mangez, ceci est mon corps.» Puis, prenant une coupe, il rendit grâce et la leur donna en disant: «Buvez-en tous, car ceci est mon sang, le sang de l'alliance, qui va être répandu pour une multitude en rémission des péchés.» (Mt 26, 26-28)

Saint Paul, dans la *Première lettre aux Corinthiens*, nous révèle qu'après ces paroles, Jésus ajouta: «Faites ceci en mémoire de moi.» (1 Co 11, 24) La promesse faite par Jésus devenait réalité et cette réalité s'est prolongée jusqu'à nous. Nous reprenons les mêmes paroles et le pain et le vin qui sont là, devant nous, encore aujourd'hui, deviennent réellement le corps et le sang du Christ. Fallait-il que Dieu nous aime pour faire une chose pareille! Je sais que la plupart des chrétiens connaissent ce texte. Je le rappelle ici afin d'en approfondir le sens.

C'est donc à l'occasion d'un repas que Jésus institue l'eucharistie. Pourquoi? Le repas a toujours joué un grand rôle dans la vie des peuples. Le repas familial renforce les liens entre les membres d'une même famille. Le repas amical renforce les liens d'amitié de ceux qui y participent. Le repas social permet aux gens qui ne se connaissent pas encore de se rencontrer, de s'apprécier et de mieux travailler ensemble. Le repas répond au besoin fondamental qu'a l'homme de se nourrir. Le repas eucharistique est tout cela:

Il n'y a pas de plus grand amour que de donner sa vie pour ceux qu'on aime.» Disons à notre tour: il n'y a pas de plus grand repas d'amour que celui précisément où cette vie de Jésus est donnée, donnée en sacrifice, donnée en nourriture pour faire de nous des vivants[42].

Deuxièmement, la dernière Cène est en relation étroite avec la passion et la mort de Jésus qui a

_____

42. Ph. Dagonet, *Demeurez dans ma parole*, Paris, Cerf, 1980, p. 191.

donné sa vie pour le salut du monde. C'est pourquoi on l'appelle «mémorial» de la passion et de la mort de Jésus et «sacrifice» eucharistique.

Il faut bien comprendre comment ce sacrement met à la disposition des baptisés les fruits de la passion et de la mort du Christ. Il ne répète pas ces événements. Jésus ne meurt pas à chaque eucharistie, mais les fruits de sa mort sont actualisés, rendus présents dans l'eucharistie. C'est le sens du mot «mémorial». Le pain et le vin, malgré les apparences, deviennent le corps et le sang du Christ. En les recevant, nous recevons celui qui a donné sa vie sur la croix, pour le salut du monde. Nous recevons donc celui qui est salut et nous participons au sacrifice qui sauve le monde. La participation à la vie divine, la communion avec Dieu, est la valeur suprême. Par elle, les humains atteignent la plénitude de leur existence. L'humanité a été créée pour la possession de Dieu dans l'amour, pour la plus intime communion avec lui.

> La communion à l'eucharistie nous unit au Christ sauveur, nous fait participer à son mystère de mort et de résurrection, nous remplit de la force de l'Esprit Saint, nous libère et nous purifie de nos fautes quotidiennes, de celles qui précisément ne nous excluent pas de l'eucharistie (fautes graves[43]).

Bien sûr, cela demeure un mystère qui dépasse notre intelligence. Et il n'était pas plus facile aux apôtres qu'à nous d'y croire. Mais quand Jésus demande à Pierre si les apôtres veulent partir, Pierre répond: «À qui irions-nous, Seigneur, tu as les paroles de la vie éternelle. Nous, nous croyons et nous

---

43. *Les grands thèmes de la foi*, en collaboration, Paris, Desclée, 1979, p. 139.

avons reconnu que tu es le Saint de Dieu.» (Jn 6, 68) Pourquoi ne répondrions-nous pas la même chose, avec l'aide de l'Esprit Saint? «Oui, Seigneur, nous croyons que c'est toi, le Sauveur du monde, que nous recevons dans l'eucharistie.»

De plus, l'eucharistie est le signe majeur de la résurrection du Seigneur, le signe que le Seigneur vit, qu'il est présent. L'eucharistie n'est pas seulement mémorial de la mort du Christ, elle est aussi mémorial de sa résurrection. Dans le Christ, mort et résurrection sont liées d'une manière indissoluble.

L'importance de l'eucharistie dans une vie de foi

Pour la personne, l'eucharistie est le sacrement d'une présence spéciale du Christ, unique en son genre. Cette présence ne se manifeste pas d'une façon sensible, mais elle n'en est pas moins présence d'amour et source de vie: «Celui qui me mange vivra par moi», dit Jésus (Jn 6, 57). Voilà pourquoi le concile Vatican II affirme que l'eucharistie est la source et le sommet de la vie de foi.

Nourris du corps et du sang du Christ, notre vie s'insère dans celle du Christ au point que Jésus demande à Paul, en route vers Damas pour persécuter les chrétiens: «Paul, Paul, pourquoi me persécutes-tu?» «Qui es-tu Seigneur?» «Je suis Jésus que tu persécutes.» (Ac 22, 7-8) Toute notre activité, nos labeurs quotidiens, les souffrances, les épreuves de la vie, tout cela est absorbé dans le sacrifice du Christ et acquiert une valeur de salut. C'est ainsi qu'on se sanctifie. Le concile Vatican II dit que notre vie quotidienne, avec tout ce qui la compose, rejoint l'oblation du corps de Jésus pour être offerte en toute piété au Père[44]. Le père Varillon ajoute que c'est chacune de nos actions, minute par minute, jour après jour, qui construit la vie éternelle parce que Dieu est en elle. Quel enrichissement pour notre vie! Et dire qu'il y a des gens qui pensent que leur vie est inutile, qu'elle n'a pas de sens. Quiconque a une foi vivante est vite convaincu du contraire.

Le concile Vatican II dit encore: «Qu'ils se sachent eux aussi unis tout spécialement au Christ souffrant pour le salut du monde, ceux sur qui pèsent la pauvreté, l'infirmité, la maladie, les épreuves diverses[45]...» D'après ce concile, l'un des grands moyens de nous sanctifier «c'est de nous ouvrir à la Parole de Dieu et participer aux sacrements, surtout l'eucharistie[46].»

L'eucharistie vient donc chercher notre misère humaine pour l'unir au sacrifice du Christ et l'offrir pour le salut du monde. Rien d'étonnant qu'un homme comme le curé d'Ars, qui a vécu l'eucharistie en profondeur, puisse dire: «Au jour du jugement, on verra briller la chair de Notre-Seigneur à travers le corps de ceux qui l'auront reçu.» Puissent ces réflexions aider ceux et celles qui liront ces lignes à prendre davantage en compte l'absolue nécessité de l'eucharistie pour une vie de foi authentique. On touche là à l'essentiel de la foi.

---

44. Vatican II, *Lumen Gentium*, n° 34.
45. *Idem*, n° 41.
46. *Idem*, n° 42.

Signification pour l'Église

L'eucharistie apporte à l'Église un bienfait particulier: elle est source d'espérance. Nous parlons souvent, nous les prédicateurs, de la foi et de la charité. Mais, sauf erreur, nous parlons beaucoup moins de l'espérance. Or, s'il est une vertu dont nous avons besoin en temps de crise et de décadence morale et religieuse, c'est bien de l'espérance. J'ai trouvé dans un ouvrage intitulé *Pour vivre les sacrements* une réflexion sur l'espérance qui me plaît beaucoup: «La présence du Ressuscité au milieu des siens a fait jaillir l'espérance. Au Cénacle, les apôtres sont enfermés, toutes portes closes, par crainte des Juifs. Et voilà que Jésus se tient au milieu d'eux. Leur peur se change en foi. Sur la route d'Emmaüs, les deux compagnons s'en vont tristes et découragés... Lorsqu'ils reconnaissent Jésus à la fraction du pain, leur route change de direction et ils retournent joyeux vers Jérusalem[47].»

C'est bien ainsi, qu'à travers les siècles, les chrétiens ont compris l'eucharistie. Ils ne l'ont jamais célébrée comme le simple rappel d'un lointain passé. Jésus n'est pas celui dont on se souvient comme d'un être cher trop tôt disparu. Il est celui que l'on accueille. Il est vivant, il est présent.

Ainsi la foi chrétienne devient un Évangile, une Bonne Nouvelle. Le peuple de Dieu devient peuple de l'eucharistie, peuple de la Nouvelle Alliance, appelé à être, partout et toujours, peuple d'espérance. Voilà ce que l'eucharistie apporte à l'Église, peuple de Dieu.

---

47. Philippe Beguerie, Claude Duchesneau, *Pour vivre les sacrements*, Paris, Cerf, 1989, p. 116-117.

Signification pour le monde

Qu'est-ce que l'eucharistie apporte au monde? Bien sûr, le monde profite de tout ce que l'eucharistie apporte aux personnes et à l'Église, mais je voudrais quand même dire qu'en tant que facteur d'unité, l'eucharistie apporte beaucoup au monde.

J'ai brièvement parlé d'unité au chapitre précédent. Le baptême est facteur d'unité parce qu'il unit les croyants et les croyantes dans une même vie. C'est déjà beaucoup. Mais l'eucharistie qui nourrit cette vie renforce elle aussi l'unité, la fraternité entre chrétiennes et chrétiens. Pour le comprendre davantage, relisons la *Première lettre aux Corinthiens*. Elle est de saint Paul et date d'une trentaine d'années après la mort de Jésus. «Le pain que nous rompons n'est-il pas communion au corps du Christ? Puisqu'il n'y a qu'un seul pain, nous sommes tous un seul corps; car tous, nous participons à un seul pain.» (10, 16-17) Plus loin, dans la même lettre, Paul prend l'exemple du corps humain pour expliquer que les chrétiens sont unis au Christ et les uns aux autres, comme les membres du corps sont unis à la tête et les uns aux autres: «Car vous êtes le Corps du Christ et vous êtes ses membres, chacun pour sa part.» (12, 27) Comment donc des chrétiens, des chrétiennes, en qui demeure le même Christ, pourraient-ils demeurer étrangers les uns aux autres? Chacun, chacune doit viser à porter en soi la connaissance et l'amour de tous. C'est ainsi que l'Église devient «communion», communion des esprits et des cœurs, communion dont la racine est la vie et la présence de tous en un même être: le Christ.

Quand on voit les souffrances engendrées par les guerres, les divisions, la violence au sein des familles et partout dans le monde, quand on connaît la souffrance de ces millions d'hommes et de femmes assoiffés, affamés, comment ne pas regretter de tout son cœur que tant de gens refusent de prendre les moyens apportés par Dieu pour unir les humains, n'acceptent pas de collaborer au plan de Dieu sur le monde en travaillant à l'établissement d'une fraternité universelle. Nous savons tous que c'est en vivant comme des frères et des sœurs que le monde croira au Christ et à ses œuvres. Quelle responsabilité est la nôtre!

Je termine ce chapitre à regret. Il y aurait tant à dire. Je me contente d'une brève réflexion et d'une anecdote. Si nous, chrétiens, chrétiennes, ne sommes pas touchés par cette preuve d'amour que Dieu nous donne dans l'eucharistie, qu'est-ce qui nous touchera? Non seulement le Christ donne sa vie sur la croix pour notre salut, mais grâce à la résurrection, il se redonne à nous en nous faisant participer à sa vie de ressuscité, dans le baptême et l'eucharistie. Il n'y a qu'un mot pour qualifier cet amour: «infini». N'est-ce pas assez pour faire vibrer notre cœur?

Robert H. Schuller, dans son livre *Believe in the God Who Believes in You*, raconte qu'il est allé rencontrer Mère Teresa au Mexique dans le but de lui demander des exemples de charité fraternelle pour l'ouvrage qu'il préparait. Voici l'un des fait que la religieuse lui raconta: Mère Teresa était en Arménie lors d'un tremblement de terre. Une mère était restée enterrée sous les débris d'une maison, avec son bébé, pendant huit jours. Quand on la trouva, on fut surpris de voir que l'enfant se portait assez bien, alors que la mère était presque mourante. On comprit pourquoi lorsque l'on constata que la mère s'était coupé le bout d'un doigt. Elle avait nourri son enfant de son sang pendant huit jours.

Jésus nourrit des millions de femmes, d'hommes et d'enfants de son corps et de son sang depuis 2000 ans....

Qui donc est Dieu pour nous
aimer ainsi, fils de la terre?
Qui donc est Dieu, si démuni,
si grand, si vulnérable?

Qui donc est Dieu, pour se lier
d'amour à part égale?
Qui donc est Dieu, s'il faut pour
le trouver un cœur de pauvre?

Qui donc est Dieu, s'il vient à nos
cotés prendre nos routes?
Qui donc est Dieu qui vient sans
perdre cœur à notre table?

Qui donc est Dieu que nul ne peut
aimer s'il n'aime l'homme?
Qui donc est Dieu qu'on peut si fort
blesser en blessant l'homme?

(Prière du temps présent, p. 720)

Chapitre 8

Parce qu'il nous aime, Dieu nous pardonne

«Mes petits enfants, je vous écris pour que vous évitiez le péché. Mais, si l'un de vous vient à pécher, nous avons un défenseur devant le Père, Jésus Christ, le juste.»

Première épître de saint Jean, 2, 1

Un père donne la vie à ses enfants, il les nourrit et, s'ils sont malades, il cherche des remèdes qui les empêcheront de mourir. Dieu a fait cela pour nous. Nous sommes tous malades du péché, mais Dieu n'a pas voulu nous abandonner à notre triste sort. Le soir de Pâques, quand Jésus est apparu à ses disciples, il leur a dit: «Comme mon Père m'a envoyé, moi aussi je vous envoie.» Ayant dit cela, il souffla sur eux et leur dit: «Recevez l'Esprit Saint, ceux à qui vous remettrez les péchés, ils leur seront remis; ceux à qui vous les retiendrez, ils leur seront retenus.» (Jn 20, 21-23)

C'était le cadeau de Pâques à l'humanité péche-resse. Une autre preuve d'amour de la part du Père, une autre vérité essentielle de la vie de foi. Nous allons donc réfléchir sur le péché d'abord, puis sur le pardon.

Le péché

Dans mon enfance, on définissait le péché comme «une désobéissance à Dieu». La définition n'est pas mauvaise puisque Jésus dit: «Si vous m'aimez, vous garderez mes commandements.» (Jn 14, 15) Mais ce n'est pas la définition que je préfère, pour trois raisons:

- À une époque où l'autorité passe par une crise sans précédent, l'obéissance n'a pas bonne presse.
- Cette définition risque de donner, aux jeunes surtout, une fausse image de Dieu, l'image d'un Dieu-surveillant qui nous guette pour nous punir.
- Enfin, cette définition risque de faire oublier l'aspect social du péché.

Qu'est-ce que le péché?

Voici la définition que je préfère: «Le péché mortel est une rupture du lien d'amour qui unit les chrétiens à Dieu et les uns aux autres.» Chacun, chacune, connaît la souffrance causée par la rupture d'un lien d'amour. Que l'on pense, par exemple, aux souffrances des victimes des foyers brisés. Une lettre, trouvée dans une petite revue, *Chantecler*, nous en convaincra:

Lettre à un papa

Papa,

Il y a plus d'un an que tu nous as quittés mentalement et physiquement. Toi qui aimais tant Maman. Toi qui nous adorais. Nous étions dans ta bulle de verre. Que t'arrive-t-il Papa? Pourquoi nous as-tu laissé tomber?

Tu as choisi de vivre pour toi maintenant, lorsque nous avions tant besoin de toi. Toi qui étais notre idole, notre raison d'être et notre exemple de demain. Comment va-t-on vivre sans toi? Ton sourire du matin, tes caresses du soir, nous manquent terriblement.

Notre famille est détruite maintenant parce que tu avais un «trip» à vivre. Tu ne peux pas savoir comment l'on souffre tant.

Ton choix Papa n'est pas le nôtre. Nous n'avons pas choisi de venir au monde. Pourquoi avons-nous à payer si cher en souffrance, en émotion? Nous n'aurons plus jamais de Noël heureux avec toi et Maman, de repas chaleureux en famille. Quels seront nos souvenirs d'enfance lorsque nous serons grands? L'avenir nous fait peur maintenant.

Tu étais notre fierté, notre raison de vivre. Avec toi, l'on se sentait si bien. Nous n'avions aucun souci. La vie était belle.

Toi Papa, tu as eu une famille. Un père, une mère toujours à tes côtés. Pourquoi nous n'avons pas le droit d'en avoir une?

Tu sais Papa, tu nous manqueras toujours. C'est comme si une partie de nous-mêmes nous a quittés. Il ya un gros vide dans nos cœurs.

Nous publions cette lettre Papa afin de sympathiser avec tous les enfants innocents qui ont perdu leur

103

père comme nous avons perdu le nôtre. Ou à tous les Papas ou les Mamans qui ont l'intention de faire comme toi.

Bonne fête des pères quand même!

Ta femme Marie-Jo,
ta fille Jezebel (4 ans)
et ton fils Youri (6 ans)
qui t'aiment énormément.

(*Chantecler*, abbaye cistercienne d'Oka, vol. 21, n° 6, 1996, p. 12.)

On a donc raison de dire que l'absence est le plus grand de tous les maux. Le péché, s'il est grave, crée aussi une absence: l'absence de Dieu. Et même si la rupture du lien d'amour qui existe entre Dieu et nous depuis notre baptême n'engendre pas une peine physique, sensible, aussi grande que celle causée par le départ d'un père, elle n'engendre pas moins une grande souffrance morale pour qui a la foi.

On pourrait, bien sûr, donner d'autres définitions du péché, tant cet acte a de multiples effets. Il suffit de penser au péché d'Adam et Ève. Le pape Jean-Paul II le dit dans son *Exhortation apostolique sur la réconciliation et la pénitence*:

Pour qui veut chercher à pénétrer le mystère du péché, il est impossible de ne pas prendre en compte cet enchaînement de cause à effet. En tant que rupture avec Dieu, le péché est l'acte de désobéissance d'une créature qui rejette, au moins implicitement, celui qui est à son origine et qui le maintient en vie; c'est donc un acte suicidaire [...]. Ainsi déchiré, l'homme provoque de manière presque inévitable un déchirement dans la trame de ses rapports avec les autres hommes et le monde créé. C'est là une loi et un fait objectif, vérifié par de multiples expériences de la psychologie humaine et de la vie spirituelle[48]...

Le péché a donc deux aspects: le refus de Dieu et le refus de l'autre avec qui nous sommes appelés à construire le Royaume de Dieu. C'est toujours un repli sur soi, une préférence de soi, face aux autres, face à Dieu et à son plan sur le monde. Notre propre bonheur est mis en cause par le péché.

Nous voici loin de l'idée que beaucoup de gens se font du péché. Parce qu'il n'est souvent connu que d'eux-mêmes, il ne concerne pas les autres. Quand on pense à la solidarité qui existe entre les membres du Corps du Christ – et j'en ai abondamment parlé dans les deux chapitres précédents – on ne peut oublier que le péché n'affecte pas que le pécheur. Sans ce rappel, on ne comprendra jamais la gravité du péché. Ce n'est pas pour rien qu'on l'appelle «grave». La Bible parle presque à chaque page de cette triste réalité. Il ne s'agit pas de voir le péché partout, mais d'être bien conscient de ce qu'il représente. Et c'est seulement à la lumière de l'amour de Dieu que l'on comprend un peu mieux ce qu'est le péché. Il se révèle alors comme la plus grande misère de l'homme, surtout s'il est grave. Et pourtant, il faut le reconnaître, nous sommes toutes et tous pécheurs. Saint Jean l'affirme clairement: «Si nous disons: nous n'avons pas de péché, nous nous abusons, la vérité n'est pas en nous. Si nous confessons nos péchés, lui, fidèle et juste, pardonnera nos péchés. Si nous disons: nous n'avons pas péché, nous faisons de lui un menteur et sa parole n'est pas en nous.» (1 Jn 1, 8-10)

48. Jean-Paul II, *Exhortation apostolique sur la réconciliation et la pénitence*, 1984, n° 12.

La perte du sens du péché

Lorsque l'on vit dans un monde qui ne se soucie guère de Dieu, on est exposé à perdre le sens du péché. Le sens de Dieu et le sens du péché sont étroitement liés. Déjà en 1946, le pape Pie XII faisait cette remarque: «Le plus grand péché du monde d'aujourd'hui réside peut-être dans le fait que les hommes ont perdu le sens du péché.» Que dirait-il s'il revenait sur la terre un demi-siècle plus tard? N'est-ce pas ce qui explique, du moins en partie, les crimes sans précédents qui affectent notre société? Claudel affirmait à Gide: «C'est une chose de pécher, de le savoir et de le regretter, mais c'est autre chose de pécher, de le dire, de s'en vanter comme si on avait fait le bien.» Plus personne n'aime parler du péché aujourd'hui et, effectivement, on en parle peu. Il ne faudrait pas, sous prétexte qu'autrefois on voyait du mal partout et que l'on en parlait beaucoup, tomber dans l'excès contraire et ne plus en parler.

Bien sûr, il y a la manière. On peut parler du péché d'une façon traumatisante, décourageante, susceptible de créer des complexes, en particulier la culpabilité. Il en est ainsi chaque fois que l'on présente le péché dans sa seule dimension humaine. Le pécheur ou la pécheresse apparaît alors pris dans un réseau d'habitudes et de tendances mauvaises, sans voir comment en sortir. Il en est ainsi lorsque l'on ne voit que le mal et le châtiment qui y est attaché. C'est le mal sans remède, la maladie sans espoir de guérison, le péché sans espérance. Une telle manière de parler du péché est effrayante.

Il faut parler du péché en se situant face à la mort et à la résurrection du Christ. Elles nous rappellent que Dieu est Amour; que cet amour est source de miséricorde et de pardon pour quiconque les recherche avec sincérité; qu'avec le Christ, le péché peut être, non seulement pardonné, mais souvent surmonté, vaincu. Dieu-Amour ne tient pas compte seulement du mal et des échecs, il voit les luttes, les victoires, les bonnes actions. Grâce à la mort et à la résurrection du Christ, même le péché est traversé par l'espérance. L'amour de Dieu pour l'être humain est plus grand que le péché. L'amour de l'être humain pour Dieu débouche alors nécessairement sur un désir de renouveau, de lutte, d'épanouissement.

Dans la liturgie de la Veillée Pascale, la communauté chrétienne ose chanter: «Heureuse faute qui nous a valu un tel Rédempteur!» Je n'hésiterais pas à dire: «Heureuse faute qui nous a valu un tel compagnon de lutte!» Le Ressuscité est la lumière dans les ténèbres, l'espérance au sein de la misère humaine.

Regarder le péché dans une telle perspective n'a rien de traumatisant. Bien au contraire, il apparaît alors comme un défi à relever, une lutte à livrer, un obstacle à surmonter pour être «maître à bord», un projet d'éternité. Ceux qui aiment se mesurer avec un adversaire de taille, qui aiment les difficultés – et les jeunes sont de ceux-là –, ne devraient-ils pas trouver là un champ de bataille digne de leur courage, de leurs énergies, de leur générosité? Je le crois et c'est là que se fait le partage entre les êtres libres et les esclaves. Tant et aussi longtemps qu'il y a lutte, même s'il y a des défaites occasionnelles, la personne défend sa liberté. Lorsque la lutte cesse, c'est l'esclavage. À chacun de décider ce qu'il veut être: esclave ou personne libre.

Les sortes de péchés

Le *Catéchisme de l'Église catholique* distingue deux sortes de péchés: véniel et mortel. Le premier ne brise pas le lien de charité qui nous unit à Dieu, mais le blesse et l'offense. On pourrait le comparer à une brouille de ménage qui ne cause pas la séparation, mais fait quand même souffrir.

Le péché mortel brise le lien de charité qui nous unit à Dieu. C'est la séparation, le détournement de Dieu, la rupture avec Dieu. Il y a péché mortel lorsque l'action est contraire à un précepte grave que l'on connaît et que l'on viole librement: «matière grave, pleine connaissance, plein consentement», dit le *Catéchisme*[49]. Ses conséquences sont lourdes, pour le pécheur lui-même d'abord, il lui fait perdre sa raison d'être première qui est d'aimer et servir Dieu. Mais il est grave pour les autres aussi, car souvent, nous l'avons dit, il a une portée sociale. Il blesse le prochain et se répercute dans tout le Corps mystique du Christ. L'Église enseigne que si le pécheur meurt en état de péché grave, sans contrition, il s'est coupé de Dieu à jamais.

Le pardon des péchés

Après cette brève réflexion sur le péché, tournons-nous une fois de plus vers le Christ, Sauveur du monde. Que fait-il face au péché? Le soir même de la Pâque, il apparaît à ses disciples et leur donne le pouvoir de pardonner les péchés. Le pardon des péchés entre dans la mission de l'Église par le ministère des évêques et des prêtres. Le pardon devient

---

49. *Op. cit.*, n° 1854-1864.

une autre preuve de l'amour de Dieu pour nous, un autre élément essentiel d'une authentique vie de foi.

Que nous dit encore la Parole de Dieu sur le pardon. D'abord que «Dieu n'a pas envoyé son Fils dans le monde pour juger le monde, mais pour que le monde soit sauvé par lui» (Jn 3, 17). Comment Jésus s'est-il acquitté de cette mission? Il a, lui aussi, affirmé qu'il n'était pas venu «appeler les justes, mais les pécheurs» (Lc 5, 32). Il a appelé les pécheurs à la pénitence, à la conversion: «Si vous ne voulez pas vous convertir, vous périrez tous.» (Lc 13, 5) Mais surtout, il pardonne les péchés: «Pour que vous sachiez que le Fils de l'homme a le pouvoir de remettre les péchés sur terre, je te l'ordonne, dit-il au paralytique, lève-toi, prends ton grabat et va-t-en chez toi. Il se leva et aussitôt, prenant son grabat, il sortit devant tout le monde.» (Mc 2, 10-12) «Va, tes péchés te sont remis.» Combien de fois Jésus a-t-il prononcé ces paroles? Enfin, Jésus donne à l'Église le pouvoir de pardonner le péché. Là encore, c'est Dieu qui pardonne. Mais il le fait en Église, par le ministère des prêtres.

Qu'est-ce donc que le pardon?

Le pardon, c'est l'amour redonné après avoir été perdu. Le lien de l'amour est renouvelé entre Dieu et nous après avoir été brisé par le péché grave. C'est l'accueil de l'enfant prodigue, le retour de la brebis perdue. Le lien de la fraternité est raccommodé entre le pécheur repentant et ses frères et sœurs dans l'Église. La miséricorde de Dieu vient sauver ce qui était perdu. Le sang du Christ, répandu pour une multitude en rémission des péchés, redonne vie (Mt 26, 28). Est-il au monde un acte plus imprégné d'amour que l'acte de pardonner? En sommes-nous suffisamment convaincus?

J'ai lu quelque part l'histoire d'un soldat alcoolique, qui avait été puni bien des fois, au point que le colonel ne savait plus quoi faire: «J'ai tout essayé, dit-il, faudra-t-il le renvoyer?» Un jeune capitaine demande à voir le dossier. Après l'avoir regardé, il dit à son supérieur: «Une chose n'a pas été essayée: on ne lui a jamais dit qu'on lui pardonnait.» Le colonel, surpris de la remarque, dit au soldat: «Je te pardonne, je te fais confiance, tu peux devenir un soldat modèle. Bonne chance.» Le soldat n'est plus jamais revenu devant le colonel. Qui ne souhaiterait pas pouvoir en faire autant après le pardon de Dieu?

Les conditions du pardon

Lors de mes prédications, il m'est arrivé de raconter une histoire pour expliquer, d'une façon aussi simple que possible, quelles sont les conditions du pardon. Je la reprends. Il s'agit d'un couple, marié depuis vingt ans. Mariage réussi malgré quelques accrocs. Un jour, l'époux revient du travail, fatigué, énervé, de mauvaise humeur. Il n'embrasse pas son épouse et lorsqu'il se met à table pour souper, il goûte à la nourriture, repousse son assiette, dit à sa femme qu'elle ne sait pas faire la cuisine et quitte la table. L'épouse pleure. C'est le drame. Que se passera-t-il lorsque le mari, reposé, aura pris conscience de ce qu'il a fait dans son énervement? Que va-t-il faire avant de s'endormir? Il va prendre son épouse dans ses bras et lui dire à quel point il regrette ce qu'il a fait, qu'il l'aime toujours, qu'elle est une bonne épouse, une bonne cuisinière, et qu'il ne recommencera pas. Et pendant quelques jours, pas longtemps, parce que les hommes sont ainsi faits, il va lui apporter des fleurs pour se faire pardonner.

Est-ce que je me trompe en pensant que cette fiction a été vécue bien des fois par des époux? J'ai posé la question lors d'une célébration pénitentielle dans une paroisse et j'ai vu une vieille religieuse faire signe que oui... Qu'a fait ce mari? Il a reconnu sa faute, l'a regrettée, l'a accusée, a promis de ne plus recommencer et a essayé de réparer le mal qu'il avait fait à son épouse. C'est ce que Dieu attend de nous pour nous pardonner: reconnaître notre péché, regretter nos fautes (la contrition), les accuser (l'aveu), promettre de se convertir (le ferme propos) et réparer le tort causé (la satisfaction). Lisez la parabole de l'enfant prodigue, entre autres, et vous retrouverez la même démarche.

Cela dit, ne faisons pas l'erreur de croire que le sacrement de pénitence ou du pardon ne fait qu'effacer les péchés. Comme tous les sacrements, il apporte une force qui nous aidera à tenir notre promesse de conversion. Nous ne pouvons la réaliser sans l'aide de l'Esprit Saint. Il faut le savoir pour lui demander l'aide dont nous avons besoin au moment de la tentation. «Ce n'est pas un esprit de peur que Dieu nous a donné, mais un esprit de force, d'amour et de maîtrise de soi.» (2 Tim 1, 7)

Même si les manuels catéchétiques ne mentionnent habituellement que ces quatre conditions: contrition, aveu, ferme propos, et satisfaction, pour obtenir le pardon des péchés, je m'en voudrais de ne pas en mentionner une autre qui est souvent présente dans la Bible: le pardon des autres: «Pardonnez-nous nos offenses comme nous pardonnons à ceux qui nous ont offensés», disons-nous dans le «Notre Père». Dans *L'Évangile selon saint Matthieu*, on trouve: «Va d'abord te réconcilier avec ton frère, reviens alors présenter ton offrande.» (5, 23) «Car si vous pardonnez aux hommes leurs fautes, votre Père céleste vous pardonnera aussi. Mais si vous ne pardonnez pas aux hommes, à vous non plus votre Père ne pardonnera pas vos fautes.» (Mt 6, 14-15)

Il faut bien comprendre ce qu'est ce pardon. Ce n'est ni l'oubli de l'offense, ni l'excuse du mal qui nous a été fait, ni l'attitude qui consiste à faire semblant que l'offense ne fait pas mal. Ce n'est pas non plus ressentir de l'amour pour la personne qui nous a fait du mal, car l'amour sentimental ne se commande pas. On pardonne quand on fait pour la personne qui nous a offensé ce que l'on fait pour une personne que l'on aime: on lui souhaite du bien, on l'aide, on prie pour elle, on la respecte, on ne la marginalise pas, on ne révèle pas ses défauts, etc. C'est cela aimer ses ennemis, c'est cela pardonner à ceux et celles qui nous font du mal.

N'est-ce pas ce que Jésus fait pour nous, pécheurs? Il n'a jamais marginalisé, isolé une femme pécheresse, un homme pécheur. Au contraire, il se plaisait en leur compagnie, mangeait avec eux, manifestait sa confiance en leur conversion. Les pharisiens et les scribes en étaient scandalisés. «Cet homme fait bon accueil aux pécheurs et mange avec eux», disaient-ils (Lc 15, 2). Le manque de charité envers les pécheurs ne serait-il pas plus grave que le péché de celui ou celle qui est ignoré, marginalisé? L'absence de fraternité, y compris avec le pécheur, est l'indice d'un manque d'amour authentique envers Dieu. Déjà dans l'Ancien Testament, Ézékiel affirmait que «si le pécheur se détourne de tous les péchés qu'il a commis, s'il observe les commandements, s'il pratique le droit et la justice, [...] on ne se souviendra pas des péchés qu'il a commis» (18, 21-28). Un chrétienne, un chrétien digne de ce nom ne devrait-il pas en faire autant, lui qui connaît le pardon de Dieu?

Pourquoi voyons-nous si facilement le péché dans l'autre et si difficilement le pardon? Pourquoi agissons-nous envers le pécheur comme s'il ne pouvait pas se convertir? Tout simplement parce que le pardon, comme l'entend la Parole de Dieu, est au-dessus des forces humaines. C'est tellement grand que, laissés à nos seules forces, nous ne pouvons pas le donner. Seuls les fils et les filles de Dieu, avec l'aide de l'Esprit Saint, peuvent pardonner comme Dieu invite à le faire. Cette vérité, si elle est bien comprise, nous aidera à saisir aussi la grandeur et la beauté du pardon de Dieu. La grandeur et la beauté de l'amour de Jésus qui a donné sa vie pour nous pardonner et nous sauver.

Malheureusement, je dois le dire avec regret en terminant ce chapitre, le sacrement du pardon semble de moins en moins apprécié. Les confessionnaux sont déserts. On participe encore en bon nombre aux célébrations pénitentielles avec absolution collective, une ou deux fois par année. Mais est-ce suffisant? Et si l'on commet des fautes graves entre temps, la confession individuelle n'est-elle pas requise pour aller communier? Bien sûr, il y a la contrition parfaite, mais combien de pécheurs y ont recours?

Je n'insiste pas davantage sur ce point, mais je conseille fortement à celles et ceux qui veulent vivre et grandir dans la foi de s'assurer, avec l'aide d'un prêtre, que leur comportement en ce domaine est bien conforme à la doctrine de l'Église et au jugement d'une conscience bien formée. Ce don de Dieu est trop important pour qu'on le traite à la légère. Que seraient nos vies sans pardon? Y avons-nous pensé?

Je conclus par un autre conseil: N'oubliez jamais, frères et sœurs que, quoi que vous pensiez de l'Église et si faibles et médiocres que soient ses membres, l'Église est la seule à pouvoir donner aux chrétiens et aux chrétiennes la vie de Dieu, le corps du Christ et le pardon des péchés.

Père, aide-nous à reconnaître ce qui nous éloigne de toi. Ramène nos cœurs à ton amour. Apprends-nous à recevoir avec simplicité ta miséricorde et ton pardon.
Amen.

Chapitre 9

Parce qu'il nous aime, Dieu nous donne sa mère

«Réjouis-toi comblée de grâce,
le Seigneur est avec toi.»
Évangile selon saint Luc, 1, 28

Nous arrivons au terme de ce livre. Tout au long de cet exposé, comme je l'ai fait au cours de mes retraites paroissiales, j'ai essayé de répondre à la question: Qui est Dieu pour nous? Nous avons vu qu'il est Amour et, parce qu'il est Amour, il a fait de nous ses enfants, il nous a nourris, il nous a pardonnés. Il reste une dernière réponse à apporter, une dernière preuve de l'amour de Dieu: il nous donne sa Mère, la Vierge Marie.

Marie, Mère de Jésus

Qui est Marie? Comme nous l'avons fait depuis le début, consultons la Parole de Dieu, au premier chapitre de *L'Évangile de saint Luc*. Il raconte qu'un ange apparaît à une jeune fille de Nazareth, un lieu qui n'avait pas très bonne réputation. Nathanaël ne dit-il pas à Philippe: «De Nazareth peut-il sortir quelque chose de bon?» (Jn 1, 46) L'ange annonce à la jeune fille bouleversée qu'elle va concevoir un enfant. Malgré son trouble, elle a le bon sens de poser une question fort pertinente: «Comment cela peut-il se faire puisque je suis vierge?» Aucune réponse humaine satisfaisante n'a été donnée à cette question. Il n'y en a pas. La seule réponse valable et à laquelle on ne peut adhérer que dans la foi, est la réponse de Dieu exprimée par l'ange: «L'Esprit Saint viendra sur toi et la puissance du Très-Haut te couvrira de son ombre; c'est pourquoi ce qui va naître sera saint et sera appelé Fils de Dieu.» (Lc 1, 35)

Cette réponse de l'ange est d'une nouveauté inouïe. Jusqu'ici on savait que Dieu avait accordé d'une façon merveilleuse des enfants à des personnes âgées, stériles. «Car rien n'est impossible à Dieu», mais on n'avait encore jamais entendu dire qu'un enfant pouvait naître sans l'intervention d'un homme. Et voilà que l'ange annonce la conception d'un enfant qui naîtra «non pas du sang, pas davantage de la volonté de l'homme, mais par Dieu» (Jn 1, 13). Jésus doit recevoir la vie d'une vierge qui, sans perdre sa virginité, deviendra mère. «L'Esprit Saint descendra sur toi.» L'Esprit Saint est une force de Dieu. Le livre de la Genèse s'ouvre sur ses mots: «Sur la terre déserte et vide, l'Esprit de Dieu soufflait par-dessus les eaux.» (Gn 1, 2) Le psaume 104 décrit l'action de l'Esprit: «Tu envoies ton souffle (ton esprit) et ils sont créés, tu renouvelles la face de la terre.» (Verset 30) Jésus lui-même ne dit-il pas: «Vous allez recevoir une force, celle de l'Esprit Saint qui descendra sur vous.» (Actes 1, 8) C'est la même force qui agit dans le sein maternel de Marie. Ce miracle constitue le début de quelque chose d'absolument neuf. Grâce à la soumission de Marie à la volonté de Dieu, celui qui naîtra est Fils de Dieu. Parce qu'il est engendré par la force du Très-Haut, il est Fils du Très-Haut.

Neuf mois plus tard, Jésus, sauveur du monde, naît dans une étable, à Bethléem. Une femme devient Mère du Fils de Dieu fait homme.

Marie, Mère des croyants

Une autre parole, celle de saint Jean, rapporte une scène qui se déroule trente-trois ans plus tard: «Or près de la croix de Jésus se tenait sa mère... Jésus donc voyant sa mère et, se tenant près d'elle, le disciple qu'il aimait, dit à sa mère: "Femme, voici ton fils." Puis il dit au disciple: "Voici ta mère.» (Jn 19, 25-27) Ce jour-là, Marie devint la Mère de tous les croyants et croyantes. Elle devint la Mère de l'Église, comme l'a déclaré le pape Paul VI, lors du concile Vatican II.

Deux êtres peuvent-ils être plus étroitement unis l'un à l'autre que par le lien de la maternité? Aussi Marie a-t-elle reçu des grâces et des dons absolument exceptionnels. Elle est préservée, dès sa conception, du péché. C'est le dogme de l'Immaculée Conception. Son corps, uni de nouveau à son âme après sa mort, est monté au ciel. C'est le dogme de l'Assomption. Enfin, elle est demeurée vierge toute sa vie.

Unie à son Fils, elle participe aussi à sa mission de sauveur. En acceptant d'être la Mère de Jésus, elle ouvre la voie du salut à tous les humains de la terre. «Je suis la servante du Seigneur», dit-elle. Par ces mots, elle s'engage et se met à la disposition de Dieu, sans réticence et sans condition. La tâche d'une servante n'est-elle pas d'être prête et de servir?

Proche de Dieu, elle est aussi proche de chacun de nous, car sa maternité divine ne l'empêche pas d'être membre de l'Église, membre du peuple de Dieu. Et nous avons vu, en parlant de l'Église, que tous les membres sont unis entre eux comme les membres d'une même famille dont le Christ est le chef, la tête. Mère de la Tête, elle est aussi la mère spirituelle des membres. La mère de la famille n'est pas en dehors ni au-dessus de la famille.

Redisons-le encore, Marie donne la vie humaine à celui qui nous donne la vie divine. Elle donne naissance au Sauveur du monde. Elle est la plus grande bienfaitrice de l'humanité, après son Fils et l'Esprit Saint, selon le dessein du Père. En faut-il davantage pour que nous lui demandions de réaliser les desseins de Dieu sur nous? D'ailleurs, elle nous a tracé le chemin. À la base de toute vie chrétienne authentique, nous retrouvons les actes mêmes de la vie de Marie: le même acte de foi, le même engagement de tout l'être, la même réponse à Celui qui appelle chacun de nous par son nom et lui confie une responsabilité bien précise au sein d'une création toujours en chantier. Comme elle, en toute humilité, nous cheminons péniblement, obscurément sans perdre confiance en Celui qui nous appelle. Comment n'aimerions-nous pas, d'une façon particulière, une telle femme?

La dévotion à Marie est-elle en crise?

Malgré ce que je viens de dire, plusieurs personnes compétentes prétendent que la dévotion à Marie est en état de crise, depuis la fin du second concile du Vatican. Pour n'en citer qu'une, le cardinal Ratzinger disait dans un entretien avec le journaliste Villario Messori: «Si la place occupée par la Sainte Vierge a toujours été essentielle à l'équilibre de la foi, retrouver aujourd'hui cette place est devenu une urgence rare dans l'histoire de l'Église[50].» Marie n'occupe plus la place qu'elle avait et qu'elle devrait avoir dans la vie des chrétiens et des chrétiennes.

Il est vrai que les dévotions d'autrefois, comme «le mois de Marie», «le mois du Rosaire», les neuvaines à la Sainte Vierge, les images de Marie dans les foyers, les premiers samedis du mois, le chapelet en famille sont disparues. Et l'on dit que la mariologie n'a plus la place qu'elle avait dans la réflexion théologique.

Certains reprochent au concile Vatican II la baisse de la dévotion à Marie, mais le concile a voulu purifier la dévotion à Marie, parfois chargée d'un sentimentalisme proche de la superstition, mais non pas l'abolir. Loin de déprécier le rôle de Marie, le pape Paul VI affirmait, à la fin de la troisième session du concile:

> Avec la promulgation, aujourd'hui, de la Constitution [sur l'Église] qui a, comme sommet et couronnement, tout un chapitre dédié à la Vierge, nous pouvons, à juste titre affirmer que la présente session se

---

50. Joseph, Cardinal Ratzinger, *Entretien sur la foi*, Paris, Fayard, 1985, p. 122.

conclut par un hymne incomparable de louange en l'honneur de la Vierge Marie.

C'est, en effet, la première fois, et de le dire nous remplit d'une profonde émotion, qu'un Concile œcuménique présente une synthèse si vaste de la doctrine catholique sur la place que Marie, très sainte, occupe dans le mystère du Christ et de l'Église[51].

À cette occasion, il a déclaré Marie, «Mère de l'Église», c'est-à-dire de tout le peuple de Dieu. Le pape Jean-Paul II dira, lors de sa visite à Notre-Dame du Cap, en 1984: «Marie a sa part, une part suréminente, dans la foi et l'espérance de l'Église [...] c'est avec Marie que nous entrons dans tout le mystère de son Fils, fait chair, mort et ressuscité pour nous[52].»

Il semble bien, cependant, que la dévotion à Marie ait diminué, du moins dans ses manifestations extérieures. Espérons qu'elle est plus vivante que jamais dans le cœur des chrétiens et des chrétiennes. Si elle venait à baisser d'une façon notable, ce serait un autre signe de la baisse de la foi qui ne pourrait nous laisser indifférents. Oubliez Marie et il y a bien des chances que son Fils soit aussi oublié. Le concile l'affirme clairement, on ne peut comprendre Jésus Christ sans Marie. Elle nous aide donc à mieux connaître le Dieu en qui nous croyons.

J'aimerais reprendre ici une histoire que j'ai trouvée dans l'un des livres du père Bernard Bro. Il s'agit d'un groupe de Français faits prisonniers par

---

51. *Documents conciliaires, l'Église*, Paris, Centurion, 1965, p. 138.
52. *Jean-Paul II au Canada*, Montréal, Éd. Paulines, 1984, p. 57.

les Allemands, lors de la dernière guerre mondiale. Dans le groupe, il y avait deux jeunes Juifs de 17 et 18 ans. En cours de route, l'une des personnes raconte comment les épreuves l'avaient rapprochée de Dieu. Le plus jeune Juif, lui, déclare qu'il est agnostique. À l'arrivée au camp, on ordonne aux Juifs de sortir des rangs et on les oblige à faire le saut du crapaud (saut en avant, mains derrière la nuque), pendant seize heures, sous un soleil de plomb. Revenus à la baraque, les deux jeunes Juifs sont épuisés, mourants. Pour oublier, tout le monde récite pendant une heure des vers appris au collège, puis c'est le silence. Soudain, le plus jeune Juif, que l'on croyait mort, dit: «Moi aussi, je connais un poème.» Et à la surprise générale, il récite des vers d'un poème de Claudel, *La Vierge à midi*:

> Il est midi. Je vois l'église ouverte. Il faut entrer.
> Mère de Jésus Christ, je ne viens pas prier.
> Je n'ai rien à offrir, rien à demander.
> Je viens seulement, Mère, pour vous regarder.
> Vous regarder, pleurer de bonheur,
> savoir cela que je suis votre fils et que vous êtes là[53]...

Je ne sais pas si l'on peut tirer de cette histoire un argument en faveur de la dévotion à Marie, mais si je l'ai racontée, c'est tout simplement parce que je trouve cela émouvant de voir un jeune Juif incroyant réciter un poème à la Vierge, alors qu'il n'a plus qu'un souffle de vie.

Le rosaire

Dans son *Exhortation Apostolique sur le culte envers la Vierge Marie*, publié en 1974, le pape Paul VI ter-

---

53. Bernard Bro, *Surpris par la certitude*, Paris, Cerf, 1980, vol II, p. 41-44.

mine son exposé par une brève réflexion sur le rosaire ou chapelet. Je vais faire de même.

Ce qui me plaît dans le chapelet, c'est qu'il est une prière inspirée de l'Évangile. C'est donc une prière qui ne s'usera pas, qui ne vieillira pas, qui ne perdra pas de sa valeur, qui vivra tant et aussi longtemps que l'Évangile vivra, c'est-à-dire, jusqu'à la fin des temps. La dévotion mariale peut connaître des hauts et des bas, comme la foi, mais, pour les raisons données plus haut, elle ne disparaîtra jamais. Et le chapelet non plus.

Qu'est-ce que le chapelet? C'est une histoire de famille, une histoire qui rappelle les grands événements qui ont marqué la vie d'une famille. Et pas n'importe quelle famille: la famille de Dieu. Cette histoire commence avec la visite de l'ange à Marie, pour lui annoncer qu'elle sera la Mère du Fils de Dieu. Elle se termine par le couronnement de Marie dans le ciel, en passant par les événements heureux, douloureux et glorieux qui ont marqué cette histoire unique. Elle n'est pas finie, elle ne se terminera qu'à la fin des temps. Voilà pourquoi j'estime qu'il en sera ainsi du rosaire. C'est plus qu'il n'en faut pour que nous restions fidèles à cet exercice de piété en l'honneur de notre Mère.

Lorsque j'étais jeune, nous récitions le chapelet en famille. Ma mère y ajoutait aussi les litanies des saints et diverses autres prières. C'était long, trop long peut-être, mais, j'en suis convaincu, cela a quand même marqué notre génération. Je donne un exemple: Une jeune fille de ma parenté avait abandonné toute pratique religieuse. Lorsqu'elle revint à Dieu, plusieurs années plus tard, elle m'avoua qu'une des raisons de son retour était le souvenir des prières que l'on faisait le soir, dans sa famille, lorsqu'elle était enfant. «J'avais l'impression de trahir ma famille», disait-elle. Un grand promoteur de la prière en famille, le père Peyton, je crois, un prêtre américain, disait: «*A family who prays together, stays together*» («Une famille qui prie ensemble reste unie»). Si seulement on pouvait convaincre nos familles chrétiennes de reprendre la prière en famille, il me semble que ce serait au moins un moyen de sauver la famille du désastre qui semble la menacer.

Je termine en vous confiant un secret. Plusieurs parmi ceux et celles qui liront ce petit livre savent que je suis Acadien de naissance et que l'hymne national des Acadiens est l'*Ave, Maris Stella*. Cela ne plaît plus à tout le monde. On dit que c'est démodé, incongru d'avoir un hymne religieux et en latin de surcroît, comme hymne national. Qu'importe, cet hymne fait partie de l'histoire des Acadiens. Et j'ai demandé, dans mon testament, que l'on chante l'*Ave Maris Stella* à la fin de mes funérailles. Vous ne serez donc pas surpris si je vous dis, avec toute mon amitié, en terminant ce chapitre: «Frères et sœurs, n'abandonnez pas votre Mère!»

Ave, maris Stella	*Étoile de la mer,*
Dei mater alma	*Je te salue, Marie.*
Atque semper virgo	*Mère de Dieu, toujours Vierge*
Felix cœli porta.	*Lumineuse porte du ciel.*
Sumens illud Ave	*Acceptant l'appel de l'ange*
Gabrielis ore.	*À concevoir le Sauveur*
Funda nos in pace,	*Tu nous refais le bonheur*
Mutans Hevae nomen.	*Qu'a détruit la première Ève.*

Conclusion

Un jeune journaliste, venu interviewer le célèbre théologien Karl Rahner, lui dit: «Nous allons commencer notre conversation en parlant de Jésus Christ.» «Non, dit le théologien, nous allons commencer par parler de Dieu. Si je ne m'intéresse pas à Dieu, pourquoi m'intéresser à Jésus Christ?» Voilà pourquoi le titre de ce livre pose la question de Dieu.

Mais ce livre en appellerait un autre portant le titre: *Comment réponds-tu à l'amour de Dieu?* Étant donné mon âge, il est peu probable que j'écrive ce livre, mais en guise de conclusion, je voudrais mentionner brièvement deux façons de répondre à l'amour de Dieu pour nous: être fidèle à la foi reçue au baptême, être fidèle à la pratique religieuse.

Être fidèle à la foi

Qu'est-ce que la foi? Nous répondons à cette question chaque fois que nous faisons notre profession de foi: «Je crois en Dieu...» Mais en quel Dieu? Au

Dieu que j'ai essayé de décrire dans ces pages. On ne croit pas en Dieu comme l'on croit à Napoléon ou à une soucoupe volante. On ne croit pas en un Dieu qui serait loin de nous et n'aurait aucune influence sur nos vies.

Permettez-moi de donner un exemple. Lorsqu'un homme se marie, en apparence, sa vie n'a pas beaucoup changé. Il habite la même maison, garde son même travail, ses mêmes amis, ses mêmes loisirs. Et pourtant, tout est changé. Une personne est entrée dans sa vie. Il devra tenir compte de cette présence dans sa conduite à la maison, au travail, dans ses relations avec ses amis, dans ses loisirs. On raconte qu'un homme célibataire aimait beaucoup le hockey. Lorsqu'il y avait du hockey à la télévision, il ne parlait à personne, ne voulait recevoir personne, le hockey avait la priorité. Une fois marié, son épouse n'aimait pas trop cela. Un jour, elle lui dit: «Je pense que tu aimes plus le hockey que ta femme.» «Oui, dit le mari honteux, mais console-toi, je t'aime plus que le baseball!» Quelle consolation!

Être fidèle à la foi, c'est croire à la présence de Dieu dans notre vie et tenir compte de cette présence dans tout ce que nous faisons. Dieu pourrait sans doute nous dire aussi: «Tu aimes plus tel plaisir, tel bien matériel, que tu n'aimes ton Dieu.» Contrairement au mari, il faudrait pouvoir dire: «Non, Seigneur, je t'aime plus que tout au monde, prends pitié de ma faiblesse.»

Croire, c'est donc introduire dans sa vie la présence de Dieu, Père, Fils et Esprit Saint. C'est être convaincu que Dieu m'aime, me parle et qu'il a mis à ma disposition des moyens de salut incroyables.

Bien sûr, Dieu ne cessera jamais d'être mystère, il ne se laissera jamais saisir complètement, mais c'est précisément cela la foi, croire en un être que je ne vois pas, qui me dépasse, mais qui est là, qui m'accompagne, m'inspire, m'aide et, surtout, qui m'aime. Cette présence toute spirituelle, mais intime, profonde, vivante, personnelle, donne un nouveau sens, un nouveau visage, une nouvelle profondeur à mon existence. La foi est une lumière intérieure qui transforme le regard humain et nous fait voir dans les autres l'image même de Dieu.

Un jésuite indien raconte qu'à Singapour un Américain interrogeait un garçon d'ascenseur: «Qu'est-ce que la religion en Chine?» Le garçon l'amène sur un balcon et lui demande ce qu'il voit. «Des gens, des voitures, des magasins.» «Quoi encore?» «Des fleurs, des arbres, des oiseaux.» «Mais quoi encore?» «Je vois comment se meut le vent.» «Et bien, c'est cela la religion en Chine[54].»

On pourrait dire la même chose de la foi. Elle nous fait voir les choses les plus évidentes, puis de moins en moins évidentes, puis des choses et des êtres qui ne sont même pas visibles, comme Dieu. Et même si Dieu n'est pas visible, on croit en lui, en sa parole, de tout son être, au point de miser sa vie sur lui.

Mais ce n'est pas tout. La présence de Dieu en moi est une force qui me met en marche, m'invite à l'action, au témoignage en paroles et en actes, qui m'incite à faire ce que Jésus faisait lorsqu'il était sur la terre. Il rendait témoignage à son Père, révélait

---

54. Eugen Drewermann, *Dieu immédiat*, Paris, Desclée, 1993, p. 123.

son amour et ses préférences pour les abandonnés, les pauvres, les pécheurs, les malades. Voici ce que dit saint Jacques: «Ainsi donc, celui qui n'agit pas, sa foi est bel et bien morte, et on peut lui dire: "Tu prétends avoir la foi, moi je la mets en pratique" [...]. La foi sans les œuvres est stérile.» (Jc 2, 18-21)

La foi est un grand don qu'il faut développer, affermir, pour qu'il devienne une conviction capable de vaincre les obstacles d'aujourd'hui. Lorsque la foi était soutenue par le milieu ambiant, par l'exemple d'une majorité, il était plus facile d'y demeurer fidèle. Ce n'est plus le cas. Voilà pourquoi il faut la nourrir, par les sacrements, surtout l'eucharistie, et l'éclairer par la Parole de Dieu.

Être fidèle à la pratique religieuse

Cela nous amène tout naturellement à une autre façon de répondre à l'amour de Dieu, la fidélité à la pratique religieuse. Nous savons tous que la pratique dominicale a connu un déclin de 70 à 75 % et même plus en certaines régions, au cours des dernières décennies. Même si la vie chrétienne ne se limite pas à la pratique religieuse et comprend bien d'autres actes, il ne faudrait pas sous-estimer la gravité de ce phénomène. C'est pourquoi je voudrais rappeler brièvement les raisons qui motivent un croyant ou une croyante à demeurer fidèle à la pratique religieuse.

1- Au baptême, nous avons reçu une vie nouvelle, des vertus et des dons qui demandent à être développés. Aucune vie ne peut se maintenir et se développer sans nourriture et sans boisson. Il en va de même de la vie éternelle. Jésus le dit clairement à ses disciples: «En vérité, en vérité, je vous le dis, si vous ne mangez la chair du Fils de l'homme et ne buvez son sang, vous n'aurez pas la vie en vous. Qui mange ma chair et boit mon sang a la vie éternelle et je le ressusciterai au dernier jour.» (Jn 6, 53-54) Voilà donc une première raison d'aller régulièrement à la messe.

2- Un autre besoin de la vie humaine ou chrétienne, c'est la parole. L'église paroissiale n'est pas le seul lieu où Dieu nous parle et où nous parlons à Dieu, mais c'est un lieu privilégié. La Parole de Dieu y est proclamée, commentée, appliquée à la vie: «Ce n'est pas de pain seul que l'homme vivra, mais de toute parole qui sort de la bouche de Dieu.» (Mt 4, 4) Voilà donc une autre raison d'aller à l'église régulièrement.

3- Le rassemblement dominical est aussi l'endroit où l'on se réconcilie avec Dieu. En se prévalant de ce service que le prêtre est toujours heureux de rendre à ses paroissiens, le pécheur purifie son âme afin de pouvoir recevoir Dieu avec fruit. Réfléchissons à ce que Jean dit dans sa *Première lettre*: «Si nous confessons nos péchés, lui, fidèle et juste, pardonnera nos péchés et nous purifiera de toute iniquité.» (1, 9)

4- C'est par la pratique religieuse que l'Église, peuple de Dieu, se construit. Une communauté chrétienne ne vit, ne se développe, n'agit, que grâce au rassemblement de ses membres. C'est là que la solidarité dans la foi se manifeste. L'Église a commencé de cette façon, elle se développera ainsi jusqu'à la fin des temps. Après la Pentecôte, les premiers chrétiens «se montraient assidus à l'enseignement des apôtres, fidèles à la communion fraternelle, à la fraction du pain et aux prières», dit le *Livre des Actes des apôtres*. Dieu attend de nous la même chose. Ceux ou celles qui abandonnent la pratique religieuse ne font pas tort qu'à eux-mêmes, ils empêchent leur communauté de se développer comme elle le devrait. Toute la vie de l'Église en est affectée.

5- Enfin, l'église paroissiale est un lieu de prière. Lorsque nous sommes réunis, le Seigneur a promis d'être au milieu de nous. Cela se réalise d'une façon particulière à la messe, qui est la plus belle des prières. Par elle, la communauté chrétienne rend hommage à Dieu, implore son pardon, exprime sa reconnaissance et implore son aide. La prière est indispensable à une vie de foi et la meilleure façon de prier est de participer à l'eucharistie.

On va à l'église pour toutes ces raisons. Pas d'abord pour obéir à un commandement, mais parce qu'on en a besoin pour vivre pleinement sa vie de foi et pour répondre à l'amour de Dieu.

Je ne juge pas ceux et celles qui ne vont pas à l'église. Je comprends même que certains, des jeunes surtout, aient besoin de faire d'autres expériences de vie chrétienne. Tout ce que je demande à mes lectrices et à mes lecteurs, c'est de réfléchir sérieusement, devant Dieu, sur les raisons d'être fidèles à la pratique religieuse. Et je leur promets que la pratique religieuse mettra du soleil dans leur vie. Ils réaliseront que grâce à elle, ils ne sont pas seuls face à l'existence, ils sont attendus par quelqu'un et leur vie devient une action à deux. Je termine par ce très beau texte tiré d'un document du troisième siècle et je fais mienne l'exhortation qu'il contient:

Que personne ne songe seulement aux autres lorsqu'il entend ce qu'a dit le Seigneur: «Quiconque ne rassemble pas avec moi, dissipe.» Puisque vous êtes les membres du Christ, ne vous perdez pas vous-mêmes hors de l'Église en ne vous rassemblant pas [...]. Ne vous méprisez donc pas vous-mêmes en dispersant le Corps du Christ. Ne mettez pas vos affaires temporelles au-dessus de la parole de Dieu, mais abandonnez tout au jour du Seigneur, et courez avec diligence à vos églises, car c'est là votre louange envers Dieu. Sinon, quelle excuse auront auprès de Dieu ceux qui ne se réunissent pas au jour du Seigneur pour entendre la parole de vie et se nourrir de la nourriture divine qui demeure éternellement[55]?

Mon dernier mot sera pour remercier ceux et celles qui m'ont conseillé d'écrire ce livre. Puisse-t-il leur apporter ce qu'ils en attendaient.

55. René Dufay, *Le dimanche, hier et aujourd'hui*, Paris, Chalet, 1979, p. 23.

Appendice

Il m'arrivait parfois, à la fin de mes instructions, de raconter une histoire drôle. Les retraitants, prêtres ou laïcs, aimaient bien cela. J'aurais l'impression de ne pas répondre pleinement à leur attente, si je ne reprenais pas quelques-une de ces histoires avant de fermer ce livre. Ne dit-on pas que le rire est une excellente façon de gérer le stress?

***

Lors d'une confirmation, l'évêque demande à un élève:

«Si un enfant baptisé meurt avant d'être confirmé, va-t-il être confirmé au ciel?

— Non, dit l'élève.

— Pourquoi pas?, dit l'évêque, surpris.

— Parce qu'il n'y a pas d'évêques au ciel.»

***

Un évêque demande aux confirmants:

«Pourquoi faut-il un évêque pour vous confirmer alors que votre curé vous donne tous les autres sacrements: baptême, pénitence, eucharistie, etc. Pourquoi ne peut-il pas vous confirmer?» Personne ne répond. L'évêque insiste pour avoir une réponse. Finalement, un grand garçon, dans le dernier banc, se décide à répondre: «C'est parce que "t'arais" rien à faire si tu faisais pas ça.»

***

En 1955, j'ai été nommé curé dans une paroisse où l'église était en construction. Comme j'ai toujours eu peur des dettes, je me croyais obligé de parler d'argent plus souvent que je ne l'aurais voulu et je craignais que les paroissiens s'en plaignent. Il y avait, dans la paroisse, une vieille dame que je visitais régulièrement. Elle vivait avec son fils, marié, qui avait un enfant de deux ans. Un jour, l'enfant avala une pièce de cinq cents. L'enfant étouffait. La jeune mère énervée, dit à son mari:

«Fais quelque chose, appelle le docteur...

— Non, non, dit la vieille dame, appelle le curé, il n'y en a pas comme lui pour sortir l'argent des autres!»

***

Un évêque avait été invité à faire une conférence aux mille élèves d'une école secondaire. Après la conférence, les élèves et le personnel enseignant avait été invités au gymnase, pour une collation. L'évêque parlait avec le directeur de l'école, un homme très nerveux, lorsqu'un élève arrive en coup de vent devant eux et dit à l'évêque: «C'était trop long ton discours!», puis il disparaît. Le directeur rougit jusqu'aux oreilles, mais ne dit rien. Le même élève revient une deuxième et une troisième fois redire à l'évêque ce qu'il n'avait pas aimé dans son discours. La troisième fois, le directeur, tout énervé, a cru nécessaire de dire quelque chose pour sauver l'honneur de son élève: «Monseigneur, ne faites pas attention à cet élève, il ne fait que répéter ce que tout le monde dit...»

*****

Un curé avait un chien qui mâchouillait le papier qui tombait de la table où il dactylographiait ses homélies. Un dimanche, le curé monte en chair pour l'homélie, mais au bout de cinq minutes, il se rend compte qu'il n'a plus de feuillets. Il dit: «Frères et sœurs, je m'excuse, mon chien a mangé le reste de mon homélie.» Après la messe un monsieur se présente et dit au curé: «Je ne suis pas de votre paroisse. C'est la première fois que j'y viens. Je voudrais savoir si votre chien est à vendre. S'il l'est, je voudrais l'acheter pour le donner à mon curé.»

*****

Deux prêtres se rencontrent sur l'avion:

«Je suis le Père un tel, dit le premier. Je suis aumônier de religieuses, je vais en vacances à Hawaï. C'est loin, il fait chaud et il n'y a pas de religieuses.

— C'est plus qu'étrange, dit le deuxième, c'est exactement mon cas, sauf que je change d'avion à mi-parcours, pour aller dans les Caraïbes. C'est loin, il fait chaud et il n'y a pas de Sœurs.»

Une religieuse, placée derrière eux n'avait pas froid aux yeux. Elle se lève, se met la tête entre les deux prêtres et dit:

«Vous deux, allez donc chez le diable! C'est encore plus loin, il y fait encore plus chaud et il n'y a pas de Sœurs...»

Une vieille dame très pieuse, qui priait fort toute la journée parce qu'elle était sourde, vivait seule dans un «duplex» (maison à deux appartements). L'autre appartement était occupé par un vieux monsieur qui ne croyait ni en Dieu ni au diable et qui pensait que sa voisine était folle. Un jour, il l'entend dire: «Seigneur, je n'ai plus de pain. Que vais-je faire?» Le vieux voisin décida de lui jouer un tour. Il prit un pain, le déposa devant la porte de la vieille dame, sonna et se cacha. La dame ouvrit la porte, vit le pain et s'exclama: «Seigneur, comme tu es bon pour moi. Tu exauces toujours mes prières!»

Le voisin sortit et dit à la dame: «Vieille folle, c'est pas le bon Dieu qui t'a donné ce pain, c'est moi!» La vieille dame répondit: «Seigneur, merci de m'avoir exaucé, même s'il t'a fallu te servir du diable pour le faire!»

***

Une famille vivait sur une ferme. C'est l'épouse, ancienne institutrice, qui était chargée de l'administration de la ferme. Elle avait pris une assurance sur les bâtiments et une autre sur sa vie et celle de son mari. Un jour, la grange fut incendiée. La dame demanda à l'assureur de lui remettre l'argent. L'assureur lui expliqua que sa compagnie ne donnait pas d'argent, mais s'engageait à donner ce que l'assuré avait perdu: «Nous allons vous construire une nouvelle grange.» La dame réfléchit et demanda: «Est-ce comme cela pour tout ce qui est assuré?» «Oui, dit l'assureur.» «Dans ce cas, répondit la dame, annulez l'assurance sur mon mari!»

***

C'était l'année après le concile Vatican II. J'étais allé visiter une paroisse. Après la messe, il y avait une réception au sous-sol de l'église. Une dame âgée vint à moi, essaya de faire une génuflexion pour baiser mon anneau, comme on le faisait autrefois. Je l'empêchai et lui dit: «On ne fait plus cela, madame» et je l'embrassai sur la joue. «Ah! Comme j'aime ça les changements dans l'Église», dit-elle.

***

Deux hommes avaient exactement le même nom et vivaient dans la même ville. L'un était ministre protestant, l'autre homme d'affaires. Le ministre protestant mourut et le jour de ses funérailles, l'homme d'affaires partit pour les Bermudes. À son arrivée dans les îles, il décida d'envoyer un télégramme à son épouse. Malheureusement, le télégramme fut remis à la dame qui venait d'enterrer son mari. Quelle ne fut pas sa surprise et son angoisse lorsqu'elle lu: «J'ai fait un bon voyage, mais la chaleur est insupportable ici...»

Table des matières

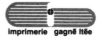

imprimerie   gagné ltée

IMPRIMÉ AU CANADA